Gordon Williamson - illustriert von Stephen Andrew

Deutsche alpine Eliteeinheiten

1939-45

Brandenburgisches Verlagshaus
SiEGLER

IMPRESSUM

Mathias Lempertz GmbH
Hauptstraße 354
53639 Königswinter
Tel.: 02223/900036
Fax: 02223/900038
info@edition-lempertz.de

Verantwortlich für den Inhalt: Gordon Williamson

Deutsche Übersetzung: Christoph Birnbaum
Lektorat: Sarah Petrovic
Umschlagentwurf: Ralph Handmann
Satz und Layout: Sabine Köse
Druck: Ellwanger Bayreuth

Printed and bound in Germany

ISBN: 978-3-941557-33-8

www.edition-lempertz.de

INHALT

Deutsche alpine Eliteeinheiten

Deutsche Gebirgsjäger und Skitruppen

Deutsche alpine Eliteeinheiten

1939-45

Einführung

Nach dem Ersten Weltkrieg war die neue Armee der Weimarer Republik, die als Reichswehr bezeichnet wurde, nach den Bestimmungen des Vertrages von Versailles auf eine Größe von 100.000 Mann beschränkt. Daraus wurden sieben Infanterie- und drei Kavalleriedivisionen geformt. Aber fast gleichzeitig mit der Machtübernahme sorgten die Nationalsozialisten dafür, dass die Streitkräfte aufgerüstet wurden. Damit verbunden entstanden überall im Land jede Menge nicht-militärische Organisationen, die zu nichts anderem dienten, als versteckte militärische Ausbildung zu betreiben.

So versahen jedes Jahr rund 200-300.000 Deutsche eine vorgeschriebene Ausbildungszeit im so genannten "Reichsarbeitsdienst" (RAD). Obwohl viele Arbeiten, die im RAD ausgeführt wurden, vornehmlich Bauarbeiten oder landwirtschaftliche Tätigkeiten waren, war der RAD ein uniformierter Dienst und wurde entlang von Befehl und Gehorsam militärisch geführt und sah auch so etwas wie eine militärische Grundausbildung vor. Ein solches Training konnte durchaus darin bestehen, statt eines Gewehrs eine Schaufel auf den Schultern zu tragen, aber das alles hatte eindeutig den Sinn, den Umgang mit Waffen zu üben.

Politische Organisationen dienten auch dazu Techniken einzuüben, die für das Militär wichtig waren. Das "National Sozialistische Fliegerkorps" (NSFK) z. B. wurde dazu genutzt, den Absolventen grundlegende Kenntnisse im Fliegen beizubringen, und das "National Sozialistische Kraftfahrkorps" (NSFK) unterwies die Teilnehmer im Autofahren und in der Instandhaltung von Fahrzeugen.

Die Gebirgsjäger waren innerhalb der 100.000-Mann-Armee ebenfalls repräsentiert. Sie wurden vor allem mit der allgemeinen Aufrüstung im Jahr 1935 ins Leben gerufen, als die Notwendigkeit, alle Aufrüstungsbestrebungen zu verdecken und zu verheimlichen immer weniger notwendig wurde und ein allgemeiner Wehrdienst eingeführt wurde.

Das Land Bayern hatte ein Korps von Polizisten aufgestellt, das "bergerfahren" war. Diese Einheit wurde unter den Oberbefehl von General Ludwig Kübler gestellt. Innerhalb von nur zwei Jahren wuchs die Einheit auf die Größe einer Brigade an. Die neue Gebirgsbrigade wurde daraufhin unter den Befehl von General Hubert Lanz gestellt. Sie sollte den Kern der künftigen 1. Gebirgsdivision stellen.

Ein Trupp frisch eingezogener Rekruten wird durch ihren Unteroffizier begrüßt. Man beachte, dass die Rekruten noch nicht die Bergmütze tragen, sondern die normale Feldmütze, die auch von allen anderen Teilstreitkräften der Wehrmacht getragen wurde.

Im Jahr 1938 stellte der “Anschluss” Österreichs neue Soldaten, die als ausgebildete Gebirgskämpfer in der früheren österreichischen Armee gedient hatten, bereit, die wiederum den Kern der 2. und 3. Gebirgsdivision bilden sollten.

Rekrutierung und Ausbildung

Einschreibung

Alle männlichen Deutschen zwischen dem 17. und 25. Lebensjahr waren verpflichtet, sich zum Wehrdienst einzuschreiben. Zumindest bis zum Ausbruch des Zweiten Weltkriegs war es jedoch für junge Männer möglich, eine Zurückstellung vom Wehrdienst zu beantragen, wenn er zum Beispiel gerade eine technische Ausbildung absolvierte. Man nahm an, dass die Fertigkeiten, die man zum Beispiel als angehender Ingenieur oder Elektriker erlernte mindestens ebenso nützlich für die Armee wären.

“Ich schwöre bei Gott...” Neue Rekruten der Gebirgstruppen schwören ihren Treueeid. Mit hocherhobener rechter Hand und der linken Hand auf der Regimentsfahne. Man beachte den mit einem Ordens- und Schulterband geschmückten Fahnenträger, der von zwei Offizieren mit gezogenem Offiziersdegen flankiert wird.

Am Ende aber musste sich jeder männliche Deutscher, ob er wollte oder nicht, bei seinem lokalen Wehrkreiskommando melden, um sich einzuschreiben. Hier wurden seine Daten aufgenommen, eine medizinische Untersuchung durchgeführt und jede besondere Eignung, um in einer speziellen Teilstreitkraft zu dienen, festgehalten. Daraufhin wurde ein Rekrut der "Ersatz- und Ausbildungsabteilung" seiner zugewiesenen Einheit überstellt und sein Wehrpass ausgestellt. Im Wehrpass wurden alle seine persönlichen Details aufgeführt, seine Ausbildungsstationen, besondere Fähigkeiten, Sprachkenntnisse, seine Verwendung im RAD und seine zugewiesene Einheit. Der Wehrpass war sowohl ein persönliches Ausweispapier, als auch der Nachweis, dass der Inhaber all seinen Verpflichtungen nachgekommen war.

Nach der Einschreibung kehrte der künftige Soldat wieder in das Zivilleben zurück und wartete auf seine Einberufung. Die Einberufungspapiere wurden ihm bald darauf zugeschickt und aus ihnen ging hervor, wo und wann er sich zum Wehrdienst melden musste.

Wie in anderen Armeen auch üblich gab es für Jeden eine gewisse Wahlfreiheit, bei welcher Teilstreitkraft er seinen Wehrdienst verbringen wollte, zumindest konnte er solche Wünsche bis zur Einschreibung anmelden. Danach machte die Wehrmacht wie jede andere Armee auch zuweilen unlogische und auch geradezu falsche Entscheidungen und überstellte Rekruten zu Einheiten, für die sie denkbar ungeeignet waren. Als Folge davon meldeten sich viele Rekruten freiwillig zum Wehrdienst bevor sie "gezogen" wurden, um so die Wahl beeinflussen zu können.

Vor der Einführung der allgemeinen Wehrpflicht im Jahr 1935 war es normal für angehende Soldaten, sich freiwillig bei "ihrer" Waffengattung zu melden. Deutsche Soldaten im Zweiten Weltkrieg ließen sich dabei in zwei Kategorien einteilen: Berufssoldaten, die sich ganz bewusst zur Armee gemeldet hatten, um dort Karriere zu machen und solche, die für die Zeit des Krieges eingezogen wurden, um danach wieder ins Zivilleben zurückzukehren. Das alles war auch bei den Gebirgsjägern der Fall, wo es neben Berufssoldaten auch "gezogene" Soldaten gab.

Nach Ausbruch des Krieges hatten die Gebirgsjäger, was ihre Erfolgsmeldungen in den Zeitungen und sonstigen Presseveröffentlichungen anging, einen mehr oder minder normalen Anteil an den Meldungen über die erstaunlichen Anfangserfolge in der Zeit der "Blitzkriege". Die Nationalsozialisten nutzten dabei die Propaganda sehr effektiv aus und

Gebirgsjäger im Gebirge. Sie tragen den Anorak der Bergtruppen - man beachte die verschiedenen Farbtöne, in denen er gehalten ist. Auch werden Schneebrillen gegen die drohende Schneeblindheit getragen. Der Gebirgsjäger im Vordergrund scheint das Bergführerabzeichen auf seiner linken Brusttasche zu tragen.

Eine ganz wesentliche Aufgabe für Gebirgsjäger war das Abseilen von verletzten Kameraden. Hier spielt ein Gebirgsjäger den Part des Verwundeten. Er wird von seinen Kameraden, die ihn abseilen, sicher nach unten gebracht.

waren sich dabei über den Effekt und die Auswirkungen dramatischer Fotos sehr wohl bewusst. So stellte sie sicher, dass die deutschen Zeitungen und Magazine über erhebliche Fotostrecken verfügten. Magazine, wie das Magazin "Signal", das in verschiedene Sprachen übersetzt wurde, waren ihrer Zeit damals weit voraus, was zum Beispiel die Verwendung von Farbfotos anging. Selbst wenn man heutige Kriterien anlegt, war das "Signal" ein modern gestaltetes und designtes Magazin. Verschiedene Artikel betonten dabei vor allem die romantischen Seiten der Gebirgsjäger in den Bergen und vor allem die erfolgreiche Besetzung Norwegens (Operation Weserübung). Die Schlacht um Narvik brachte dabei die Gebirgsjäger besonders in das Bewusstsein der Öffentlichkeit. Um sich an diesen Erfolg zu erinnern, der, ohne dass dies den Deutschen dabei bewusst war, auf der Schwelle zur Katastrophe gestanden hatte, bevor sich die Alliierten zurückzogen, wurde eigens das "Narvik-Abzeichen" geschaffen. Im Kern dieses Abzeichens stand das Edelweiß-Abzeichen der Gebirgsjäger als zentrales Motiv. Die damit erzielte Öffentlichkeit sorgte dafür, dass es zu keinem Zeitpunkt an den notwendigen Rekruten für diese Teilstreitkraft der Wehrmacht fehlte.

Hier spätestens ist auch ein Blick auf die Rekrutierung in die "SS-Verfügungstruppe" (SSVT), die Vorläuferinstitution der "Waffen-SS", notwendig, die eigene Gebirgsdivisionen aufstellte. Als diese Einheiten aufgestellt wurden, waren die Auswahlkriterien äußerst hart. Sie wurden aber mit der Zeit immer weiter gelockert. Am Ende wurden viele Mitglieder der Waffen-SS einfach nur zwangsverpflichtet. So wurde ein erheblicher Teil der 1. SS-Gebirgsdivision Nord gebildet. Die Einschreibung in die SSVT war jedoch voll und ganz freiwillig. Die Wehrmacht achtete mit Argusaugen darauf, dass sie der einzige "Waffenträger" der Nation war und alle andersartigen Bestrebungen vom Reichsführer-SS, Heinrich Himmler, zu verhindern suchte. Eine bedeutsame Konzession in diesem Zusammenhang war, dass die Teilnahme bei SSVT als eine Möglichkeit akzeptiert wurde, seinen Pflicht-Wehrdienst abzuleisten. In diesem Sinn entsprach der Dienst in der SSVT ungefähr dem Wehrdienst.

Obwohl bis zu diesem Zeitpunkt - bis zum Ausbruch des Krieges - noch keine SS-Gebirgsjäger-Einheiten existierten, muss man doch bemerken, dass Waffen-SS-Gebirgsjägereinheiten eine wichtige Rolle im Süden der Ostfront spielten. Sie waren besonders im Partisanenkampf auf dem Balkan eingesetzt und viele Mitglieder dieser Einheiten hatten zu Beginn ihren Dienst in der SSVT abgeleistet.

Die Rekrutierung für die SSVT war an sehr harte Auswahlkriterien gebunden und es ist interessant, sich einige der folgenden Qualifikationen einmal näher vorzunehmen, die für den militärischen Bereich der SS galten. Ein Flugblatt mit dem Titel "Wie komme ich zur SS-Verfügungstruppe?" weist

Eine Parade der Gebirgstruppen wird von ihrem befehlshabenden Offizier abgenommen. Man beachte den brokatbesetzten silbrigen Offiziersgürtel. Der Stahlhelm war, anders als die Schirmmütze, der normale Paradedress für Gebirgstruppen. Das Edelweiß-Abzeichen ist hier gut zu erkennen.

auf die folgenden Kriterien hin. Die Bewerber müssen:

1. zwischen 17 und 25 Jahre alt sein;
2. physisch ausreichend trainiert für den Dienst in der SS sein;
3. über eine entsprechende politische Einstellung verfügen;
4. einen arischen Nachweis, der bis auf das Jahr 1800 zurückgeht, verfügen;
5. weder verheiratet noch kurz vor einer Heirat stehen;
6. den Reichsarbeitsdienst abgeleistet haben;
7. eine schriftliche Einwilligung der Eltern haben, wenn ein Jugendlicher 17 Jahre alt ist;
8. eine abgeschlossene Ausbildung haben oder aber eine Freistellung von einem geeigneten Vorgesetzten haben, wenn er eine Berufsausbildung absolviert;
9. für alle Zahnbehandlungen zahlen, um den Rekruten vor der Einschreibung entsprechend zu behandeln;
10. über ein gutes Sehvermögen ohne Brille verfügen;
11. keine Vorstrafen haben und sich auch nicht in einem Strafverfahren befinden.

Ganz allgemein gesprochen wurde die Rekrutierung für die Gebirgsjäger regional betrieben. Rekruten, die sich in einer bestimmten Gegend eingeschrieben hatten, landeten in der Regel auch bei einer lokalen Einheit und so waren denn auch die meisten Rekruten für die Gebirgsjäger aus Süddeutschland, Bayern und dem österreichischen Tirol. Das galt jedoch in jedem Fall und so gab es denn auch in jeder Einheit Rekruten aus anderen Teilen des Reiches.

Die ungefähre demografische Struktur einer Gebirgsdivision geht aus der folgenden Tabelle hervor. Die Tabelle nennt die Nummer oder den Namen der jeweiligen Einheit, den Zeitpunkt, zu dem sie aufgestellt wurde, den zuständigen Wehrkreis und den Heimatort, wo immer dies möglich ist, und die Hauptregion, aus der die meisten Rekruten stammten.

Division	**Ausgehoben**	**Wehrkreis**	**Heimatbasis**	**Zusammensetzung**
1	1935	VII München	Garmisch	Bayern, Österreicher
2	1935	XVII Salzburg	Innsbruck	Österreicher
3	1935	XVII Salzburg	Graz	Süddeutsche
4	1938	IV Dresden	Dresden	Bayern, Österreicher
5	1938	XVIII Salzburg	Salzburg	Bayern, Österreicher
6	1939	XVIII Salzburg	Klagenfurt	Bayern
7	1939	XIII Nürnberg	Nürnberg	verschiedene
8	1939	XVIII Salzburg	Norwegen	verschiedene
9	1939	XVII Wien	Dachstein	verschiedene
157	1939	XVIII Salzburg	verschiedene	verschiedene
188	1940	XVIII Salzburg	verschiedene	verschiedene

Neben der oben erwähnten Gebirgsdivisionen gab es noch eine kleinere Anzahl von Hochgebirgsjägerbataillonen. Diese waren:

Hochgebirgsjägerbataillon Nr. 1
Hochgebirgsjägerbataillon Nr. 2
Hochgebirgsjägerbataillon Nr. 3
Hochgebirgsjägerbataillon Nr. 4

Zusätzlich zu diesen Divisionen wurden noch folgende Waffen-SS-Einheiten aufgestellt:

Division	Zusammensetzung
6. SS-Gebirgsdivision Nord	Deutsche, Österreicher
7. SS-Freiwilligen-Gebirgsdivision "Prinz Eugen"	Ungarn, Rumänen, Jugoslaw.
13. Waffen-Gebirgsdivision der SS "Handschar"	Kroaten
21. Waffen-Gebirgsdivision der SS "Skanderbeg"	Albaner
23. Waffen-Gebirgsdivision der SS "Kama"	Kroaten
24. Waffen-Gebirgsdivision der SS "Karstjäger"	verschiedene
Waffen-Gebirgsbrigade der SS "Tartar Nr. 1"	Tartaren
Osttürkischer Waffenverband der SS Osteuropa	Moslems

Ausbildung

Wenn er seine Einberufung erhalten hatte, musste sich der angehende Gebirgsjäger erst einer allgemeinen, für alle Wehrmachtsangehörigen gleichen Grundausbildung unterziehen.

Weil der RAD zwangsverpflichtend für nahezu jeden Mann in Deutschland war und darüber hinaus die Hitlerjugend ebenfalls für die meisten Rekruten eine frühere Ausbildungsstation war, kamen die meisten angehenden Soldaten zur Wehrmacht mit einem sehr viel realistischen Blick auf den militärischen Alltag, als dies in anderen Armeen der Fall gewesen ist. Im RAD hatte der Rekrut bereits mit der Militärstruktur und höheren Rängen Bekanntschaft gemacht und eine Art ersten Grunddienst erfahren. Sie waren deshalb zumeist erstaunlich gut trainiert und gewohnt, eine Uniform zu tragen.

In allen zivilen und militärischen Organisationen des "Dritten Reiches" kam dabei der sportlichen Ertüchtigung ein ganz besonderes Augenmerk zu. Das wiederum bedeutete, dass zum Zeitpunkt, als der Rekrut seinen Dienst antrat, weniger Gewicht auf die körperliche Ausbildung der angehenden Soldaten gelegt werden konnte. Dementsprechend konnte mehr Zeit auf die rein militärische Ausbildung gelegt werden.

Und diese militärische Ausbildung war durchaus anspruchsvoll. Dazu gehörten neben dem Marschieren auch die Bewegung im Gelände und die Ausbildung an Waffen, so dass jeder Deutsche über eine gründliche militärische Ausbildung verfügte. Für all jene, die sich in einer Gebirgsdivision eingeschrieben hatten, galt jedoch mehr denn je, dass sie physisch über eine gute Kondition verfügen mussten. Übungen unter echten Gefechtsbedingungen wurden dabei sehr häufig in der Wehrmacht absolviert - im Unterschied zu anderen Streitkräften und die Soldaten wurden mehr denn je zu Eigeninitiative ermuntert. Das kam den Einheiten immer dann später zugute, wenn zum Beispiel ein Unteroffizier verletzt oder im Kampf getötet wurde und ein niederer Rang die Befehlsgewalt sofort über-

Ein Gebirgsjäger mit einem M43-Maschinengewehr mit Patronengürtel um die Schultern herum. Der umgelegte Patronengurt deutet darauf hin, dass das Foto gestellt wurde. Das Maschinengewehr mit seiner schnellen Schussfolge hatte jedoch auch einen ungeheuren "Appetit" nach Munition.

nehmen konnte.

Nach den ersten Wochen der Ausbildung, in denen die Rekruten zuerst auch mit ihrer Uniform vertraut gemacht wurden und erste Instruktionen erhielten, wurde der Treueeid geschworen. Normalerweise standen dabei immer sechs Rekruten vor einem Offizier, der seinen Offiziersdegen gezogen hatte. Sie legten dabei eine Hand auf die Fahne, erhoben die andere und schworen den Eid.

Ich schwöre bei Gott diesen heiligen Eid, dass ich dem Führer des Deutschen Reiches und Volkes, Adolf Hitler, dem Oberbefehlshaber der Wehrmacht, unbedingten gehorsam leisten und als tapferer Soldat bereit sein will, jederzeit für diesen Eid mein Leben einzusetzen.

Neben der Grundausbildung wurden die angehenden Gebirgsjäger natürlich auch in bestimmten bergtypischen Fertigkeiten unterwiesen, wie Klettern, Abseilen, Skifahren, Kartenlesen und - ganz wichtig - in Sicherheits- und Überlebensregeln, die man auf höchsten Höhen im Gebirge brauchte, wo die Temperaturen beispielsweise äußerst schnell selbst unter den Gefrierpunkt fallen konnten und jede Art von Schutz überlebenswichtig war.

Von den Gebirgsjägern wurde darüber hinaus jederzeit erwartet, dass sie ihre körperliche Fitness wahrten, damit sie unter den erschwerten Bedingungen im Gebirge überhaupt kämpfen konnten. Das trug auch zum Elitebewusstsein dieser Spezialstreitkräfte bei.

Angesichts des unwegsamen Geländes, in dem sie zu kämpfen hatten, operierten die Gebirgsjäger zumeist in nicht größeren Verbänden als einem Bataillon. Die Männer waren dabei darauf vorbereitet, alle Anzeichen eines plötzlichen Wetterumschwungs zu erkennen. Ebenso die Gefahren durch eine plötzlich losgehende Stein- oder Schneelawine, wenn sie sich durch ein bestimmtes Gelände bewegten. Dabei gingen die Gebirgstruppen zumeist in einer Zickzack-Formation vor, die einzelnen Gruppen waren dabei weit auseinander gezogen, um die Verluste bei Lawinen so weit wie möglich zu begrenzen.

Etwas was einen Gebirgsjäger in jedem Fall auszeichnete war seine Flexibilität und seine Anpassungsfähigkeit an sich plötzlich verändernde Situationen, wie zum Beispiel lokale Tragetiere zum

Die Sorge für die wichtigen Packtiere war unerlässlich. Hier, bei der Aufnahme eines Obergefreiten der Gebirgsjäger auf Kreta, bekommt ein Maultier eine Schale voll Trinkwasser. Dafür benutzt der Soldat einen erbeuteten britischen Stahlhelm als Trinkschale.

Transport von Waffen heranzuziehen. Die Rentiere, die von den Gebirgsjägern beispielsweise in Lappland genutzt wurden, oder die Hundeschlitten bei der Front in Murmansk oder die baktrischen Kamele, die oftmals im Kaukasus benutzt wurden, waren oftmals für das örtliche Terrain sehr viel mehr geeignet, als die Pferde und Maultiere der Gebirgsjäger. Sie waren nicht unwesentlich am Erfolg der Truppe beteiligt.

Gebirgsjäger waren auch in bestimmten Fertigkeiten ausgebildet, die sonst nur Pioniere beherrschten. So wurde von ihnen erwartet, Gebirgsgeröll, das den Weg versperrte, wegzusprengen, neue Wege anzulegen, Hängebrücken über Schluchten zu errichten oder größere Pontonbrücken über schnell fließende Gebirgsflüsse zu bauen und Bunker oder andere Verteidigungsanlagen zu errichten.

Die Sanitäter der Gebirgstruppen waren auch darin ausgebildet, bestimmte Tragen für Verwundete zu benutzen, um verletzte Soldaten etwa von Bergen abzuseilen. Darüber hinaus mussten sie die Behandlung von Erfrierungen, zeitweiliger Schneeblindheit und andere typische Unfälle im Gebirge beherrschen. Hunde, wie die Bernhardiner, wurden auch gelegentlich benutzt, um kleinere Transportladungen zu befördern.

Gebirgsjäger mussten auch bessere Funker haben. Funkgeräte erwiesen sich oftmals im Hochgebirge als nicht sehr zuverlässig, weil die Berge das Funksignal störten. Gebirgsjäger waren deshalb ausgebildet, alle möglichen Vorteile, etwa hochstehende Bäume auszunutzen, um den Empfang zu verbessern und etliche Relaisstationen zu nutzen. Selbst Signalflaggen wurden benutzt.

Das tägliche Leben

Auftreten

Gebirgsjäger unterschieden sich von den meisten anderen Teilstreitkräften der Wehrmacht durch die außergewöhnlich hohe Bandbreite an Uniformdetails, die alle auf irgendwelchen Kriegsfotos zu erkennen sind, obwohl zum Beispiel die Panzeruniformen, die von einigen Gebirgsjägern in einigen Gegenden getragen wurden, eher selten waren. Es würde deshalb viel zu viel Platz brauchen, um jede Variante dieser Vielzahl von Bekleidungen zu beschreiben. Deshalb gibt es auch hier nur einen kurzen, gerafften Überblick. Weitere Details über die Uniformen und Abzeichen der Gebirgsjäger finden sich in der Bibliografie. Die Uniformen werden unter folgenden Gesichtspunkten betrachtet:
Ausgehuniform
Dienstuniform
Spezielle Gebirgsjägerbekleidung
Arbeitsuniform
Tarnanzug

Die Paradeuniform

Die Paradeuniform der Gebirgsjäger bestand aus dem Waffenrock mit speziellen Stiefelhosen und dem Stahlhelm. Der Waffenrock besaß dabei eine einreihige taschenlose Jacke mit "schwedischen Armaufschlägen" Sie war aus einem feldgrauen Wollstoff angefertigt, mit einem abgesetzten dunkelgrünen Hintergrund für die Abzeichen. Vorne waren der Kragen und die Ärmelaufschläge in der grünen "Waffenfarbe" der Gebirgsjäger gehalten. Auf dem Kragen waren silbrigfarbene Litzen auf einem grünen wollenen Untergrund platziert. Eine kleinere Version dieser Abzeichen war auch auf den Ärmelaufschlägen angebracht - ebenfalls auf grün-wollenem Untergrund. Auf der Rückseite der Jacke waren drei Knöpfe auf jeder Seite angebracht, die ebenfalls in Grün gehalten waren. Auf

In den oftmals widrigen Terrain und klimatischen Bedingungen mussten wesentliche Nachschubgüter der Gebirgsjäger zu Fuß herbeigeschafft werden. Hier ist ein Gebirgsjäger im Tarnanzug zu sehen, der sich seinen Weg durch den Schnee bahnt und etliche Laibe Brot mit sich trägt.

der linken Brusttasche war das Nationalemblem entweder maschinengewebt oder von Hand gestickt angebracht. Für die Unteroffiziersränge waren die oberen Ränder der Kragen und der Ärmelaufschläge ebenfalls mit silbrigfarbenen Fäden verziert.

Die Schulterklappen bestanden für die unteren Ränge aus einem dunkelgrünen Wollstoff, auf die die Regimentsnummer in dunkelgrün aufgenäht war. Unteroffiziere hatten die gleichen Kragenspiegel, die auch auf den Ärmelaufschlägen zu erkennen waren. Schulterklappen der Offiziere waren in goldfarbenem Faden gewebt auf grünem Untergrund und trug ebenfalls die Regimentsnummer in goldglänzendem Faden. Auf dem rechten Oberarm war das maschinengewebte Edelweiß-Abzeichen der Gebirgsjäger zu erkennen.

Die Hosen waren aus einem feldgrauen Wollstoff. Sie waren gerade geschnitten und wurden normalerweise in die Stiefel hineingesteckt. Der Saum der Hosen war grün eingefasst. Normalerweise wurde zu dieser Uniform der Stahlhelm getragen. Offiziere trugen zumeist eine Schirmmütze. Untere Ränge trugen zumeist den schlichten normalen Ledergürtel mit einer Aluminium- oder silberfarbenen Schließschnalle. Offiziere trugen dagegen einen brokatartigen Gürtel in Grün mit einem eckigen Gürtelschloss. Die Herstellung dieses Gürtels wurde bei Beginn des Krieges eingestellt.

Diese gestellte Propaganda-Fotografie wurde als Motiv auf einer Propaganda-Postkarte benutzt. Sie zeigt einen Gefreiten der Gebirgsjäger mit einem MG34. Man beachte die Schneebrille und das Edelweiß-Abzeichen auf der linken Seite der Bergmütze.

Dienstuniform

Die normale Dienstuniform eines Gebirgsjägers war die normale Uniform mit vier Taschen, die aus einem feldgrauen Wollstoff angefertigt und von allen Truppenteilen getragen wurde. Bei dieser Uniform zeigten allein der grün unterlegte Kragenspiegel, die Schulterklappen und die Schirmmütze an, das der Inhaber Mitglied der Gebirgsjägertruppe war. Zusätzlich wurde das traditionelle Edelweiß-Abzeichen am rechten Oberarm getragen und ein kleines Edelweiß-Abzeichen aus Metall auf der Seite der Mütze. Untere Ränge trugen normalerweise einen schwarzen Ledergürtel mit einem dunkelgrünen Koppelschloss, während Offiziere einen schwarzen Ledergürtel mit einem zweireihigen Gürtelschloss trugen.

Seit 1943 ersetzte die Bergmütze die üblicherweise getragene Einheitsfeldmütze M43, die jedoch in vielen Details der Bergmütze entsprach. Der größte Unterschied bestand darin, dass die Bergmütze M43 einen höheren Schirm hatte.

In der Kaserne oder auch mit der Ausgehuniform konnte die in grün gehaltene Schirmmütze getragen werden. In diesem Fall wurde der Mützenträger als Mitglied der Gebirgstruppen dadurch kenntlich, dass er ein kleines Edelweiß-Abzeichen zwischen dem Nationalemblem über der Krone und der Kranzkokarde auf dem Mützenband trug.

Gebirgsjäger, die in warmen Regionen wie in Nordafrika und Italien ihren Dienst taten, trugen üblicherweise die leichte olivfarbene Denim-Tropenuniform mit vier Taschen oder einfach nur Uniformhemden mit kurzen oder langen Hosen sowie leichten Tropenschuhen. Aber auch hier wurden gelegentlich die schweren Bergstiefel getragen. Spezielle leichte Stoffgürtel und Schulterklappen ge-

Ein anderes populäres Postkartenmotiv zeigt einen Unteroffizier der Gebirgsjäger mit einem Bergseil und einem Eispickel. Man beachte das Abzeichen des Heeres für Scharfschützen.

hörten ebenso zur Tropenuniform. Sowohl eine für die Tropenuniform passende Tropenmütze als auch die übliche Bergmütze wurden benutzt. Die leichte Tropenmütze hatte ein grünes Mützenband mit den Hoheitsabzeichen als Kokarde.

Die Uniform, die von den Waffen-SS-Gebirgsjägern in wärmeren Gegenden getragen wurde, war zumeist identisch mit denen, die auch in der übrigen Wehrmacht Verwendung fanden. Im Allgemeinen wurden nämlich die üblichen Armeeuniformen benutzt, obwohl - je länger der Krieg andauerte - die Waffen-SS auch immer mehr Kleidung aus eigenen Herstellungsbetrieben erhielt. Der grundsätzliche Unterschied zwischen den Gebirgsjägern des Heeres und der Waffen-SS wurde durch die Abzeichen deutlich. Obwohl die Gebirgsjäger der Waffen-SS die gleichen grünen Unterlegungen für Abzeichen auf ihren Uniformen trug, waren ihre Schulterklappen in der Regel aus schwarzem Wollstoff unterlegt statt aus grünem oder feldgrauem Stoff. Die üblichen SS-Symbole wurden dabei auf dem oberen linken Ärmel getragen und der SS-Rang auf dem linken Kragenspiegel. Ebenso war auf der Mütze neben den Hoheitsabzeichen die SS-Kennung über einem Totenkopf zu erkennen. Das Edelweiß-Abzeichen war entweder in silbrig-glänzenden Fäden eingewebt oder in goldglänzenden Baumwollfäden auf schwarzem Stoffgrund. An der Mütze waren die gleichen Abzeichen aus Stoff und nicht aus Metall wie in der Wehrmacht angebracht.

Spezielle Abzeichen für individuelle SS-Gebirgstruppen waren die folgenden:

6. SS-Gebirgsdivision Nord

Kragenspiegel	SS-Runen
Ärmelaufschlag	Nord (inoffiziell)
	Reinhard Heidrich (SS-Gebirgsjägerregiment)
	Michael Gaissmair (SS-Gebirgsjägerregiment)

7. SS Freiwilligen Gebirgsdivision "Prinz Eugen"

Kragenspiegel	Odal Runen
Ärmelaufschlag	Prinz Eugen (SS-Gebirgsjägerregiment)
	Artur Phleps (SS-Gebirgsjägerregiment)

13. Waffen-Gebirgsdivision der SS “Handschar”

Kragenspiegel	in Händen gekreuzter Krummsäbel über Hakenkreuz
Ärmelaufschlag	keine

21. Waffen-Gebirgsdivision “Skanderbeg”

Kragenspiegel	Kriegsaufnahmen zeigen, dass nur SS-Runen getragen wurden
Ärmelaufschlag	Skanderbeg

23. Waffen-Gebirgsdivision der SS “Kama”

Kragenspiegel	Runen auf schwarzem Untergrund Spezielle Kragenspiegel sind augenscheinlich nicht produziert worden
Ärmelaufschlag	keine

24. Waffen-Gebirgsdivision der SS “Karstjäger”

Kragenspiegel	SS-Runen
Ärmelaufschlag	keine

Waffen-Gebirgsbrigade der SS Nr. 1

Kragenspiegel	nicht bekannt
Ärmelaufschlag	keine

Osttürkischer Waffenverband der SS

Kragenspiegel	nicht bekannt
Ärmelaufschlag	Osttürkischer Waffenverband der SS in Weiß auf grünem Band (Farbe der Moslems), produziert, wurde aber nicht getragen

Aber ein spezielles Unterscheidungsmerkmal, das von der Waffen-SS getragen wurde, sollte doch noch erwähnt werden. Und das ist der traditionelle Fez der “Handschar”-Division. Dieser bestand aus gepresstem Filz. Vorne waren das übliche SS-Abzeichen, das Hoheitsabzeichen und der Totenkopf zu erkennen. Er wurde aus einem kastanienbraunen Filz für die Ausgehuniform und einem feldgrauen Filzstoff für die Kampfuniform hergestellt. Wie auf Fotografien hervorgeht, wurde der Fez relativ häufig getragen, obwohl er den Soldaten keinerlei Schutz bot.

Spezielle Bekleidung

Die Windjacke

Die Windjacke war eine leichte Jacke, die gewöhnlich über der eigentlichen Uniform getragen wurde. Sie war aus grün-grauem, wasserdichtem Stoff, zweireihig geknöpft mit jeweils fünf Knöpfen. Sie hatte zwei aufgesetzte Taschen und zwei Innentaschen auf der Brust. Auf der Rückseite gab es einen eingelassenen Gürtel, mit dem man die Jacke an

Dieses Foto zeigt einen typischen Gebirgsjäger im Einsatz. Bärtig und müde zeigt dieser Unteroffizier klar und deutlich, dass das Leben eines Gebirgsjägers im Einsatz keinesfalls einfach war.

Die Nachrichtenübermittlung im Gebirge konnte oftmals mehr als problematisch sein, weil das Terrain die Funksignale störte. Hier verlegen Gebirgsjäger ein Telefonkabel, eine sehr viel verlässlichere, aber auch verwundbarere Form der Nachrichtenverbindung

den Körper anpassen konnte. Ebenfalls ließen sich die Ärmel fest um das Handgelenk verschließen.

Das Edelweiß-Abzeichen der Gebirgsjäger wurde auf dem rechten Oberarm getragen. Die Schulterklappen enthielten die üblichen Abzeichen. Es wurden keinerlei Kragenspiegel oder Hoheitsabzeichen mit dieser Jacke getragen.

Anorak

Ebenso wurde ein leichter Anorak von den Gebirgsjägern getragen. Er hatte, wie bei einem Anorak üblich, eine Kapuze. Eine große Brusttasche und zwei aufgesetzte Seitentaschen ergänzten den Anorak. Darüber hinaus gab es auch auf Hüfthöhe hinten zwei weitere Taschen. Der Anorak wurde üblicherweise ebenfalls über der Uniform getragen und konnte eng am Hals verschlossen werden, genauso wie an den Handgelenken, die festgezurrt werden konnten. Der Anorak konnte eng am Körper durch ein Band, das durch die Beine von hinten nach vorne geknöpft werden konnte, verschlossen werden. Auf Fotografien ist zu erkennen, dass dies wohl nur höchst selten getan wurde. Der Anorak war in feldgrau gehalten und konnte auch - als Wendejacke - eine weiße Tarnfarbe aufweisen. Er wurde normalerweise ohne irgendwelche Abzeichen getragen.

Die Bergmütze

Die Bergmütze war äußerst beliebt und war derjenigen Mütze, die von der österreichischen Armee im Ersten Weltkrieg getragen wurde, nachempfunden. Sie war aus einem feldgrauen Wollstoff, war relativ hoch und steil und hatte an den Seiten und hinten herunterklappbare Ohren- und Nackenschützer für extrem kalte Witterungen. Die Seiten-

Dieser Feldwebel der Gebirgsjäger trägt die normale Dienstuniform mit den Bergstiefeln und Wickelgamaschen. Ihm fehlt aber aus unbekannten Gründen das Edelweiß-Abzeichen am rechten Ärmel.

Dieser Gebirgsjäger ist angehender Anwärter als Unteroffizier, was durch den schmalen Streifen auf den Schulterklappen deutlich wird. Die Bergstiefel und die Gamaschen sind gut zu erkennen. Unüblicherweise trägt er kein Edelweiß-Abzeichen auf seiner Mütze.

teile wurden vorne auf der Mütze durch zwei Knöpfe zusammengehalten. Die Knöpfe dienten auch, wenn die Seitenteile heruntergeklappt wurden, unter dem Kinn zum Verschließen der Mütze.

Auf der linken Seite war ein kleines metallenes Edelweiß-Abzeichen befestigt. Ein anderes Unterscheidungsmerkmal der Bergmütze war, dass das Abzeichen mit den Hoheitskennzeichen und der darunter befindlichen Kokarde aus einem Stück gewebt war auf einem T-förmigen Untergrund. Bei Offiziersmützen wurde das Abzeichen mit einem silbrigfarbenen Faden gewoben. Ein spezieller weißer Tarnüberzug wurde ebenfalls für die Bergmütze entworfen, aber es gibt nur sehr wenige fotografische Nachweise dafür.

Die Hose

Es gab auch spezielle Hosen für die Gebirgstruppen. Ursprünglich wiesen die Hosen einen steingrauen Farbton auf, wurden allerdings später aus einem feldgrauen Wollstoff hergestellt. Das Gesäß war verstärkt und die Hose wurde oftmals in den Bergstiefeln getragen. Unten am Fuß waren die Hosen geteilt. Die Hälften konnten übereinander gelegt und durch kleine Bänder zusammen gehalten werden. Die Hose wies zwei Taschen und eine Gesäßtasche auf. Die Hosen wurden später ersetzt durch die so genannten "Rundbundhosen".

Die Bergstiefel

Die Gebirgstruppen wurden mit relativ derben, doppelt besohlten, ledernen und knöchelhohen Bergstiefeln ausgerüstet. Der Stiefel wies fünf Schnürlöcher zum Zubinden auf. Dazu kamen vier weitere Haken, an denen das Schnürband festgezurrt wurde. Sohle und Hacken waren "genagelt" und mit einem Metallband verstärkt. Die Hosen wurden üblicherweise in die Stiefel hineingeschoben und die Strümpfe oder Gamaschen darüber gezogen.

Gamaschen/Strümpfe

Die Bergstiefel wurden üblicherweise mit Strickgamaschen oder dicken wollenen Strümpfen getragen. Die Gamaschen waren rund 73 cm lang, 8 cm breit und bestanden aus einem bräunlichen Wollstoff. Sie wurden um den Fuß entlang hoch gewickelt und bedeckten nicht nur den Stiefel, sondern auch den unteren Teil der in die Stiefel geschobenen Hose. Das Ende der Strickgamasche wurde mit einem kleinen Verschluss befestigt.

Strickgamaschen mögen irgendwie ein wenig anachronistisch anmuten, aber sie wurden beispielsweise von der britischen Armee bis in die 80er Jahre hinein benutzt. Obwohl Strickgamaschen die Standardfußbekleidung war, gab es auch Strickstrümpfe. Wahrscheinlich waren sie sehr viel häufiger bei der Waffen-SS anzutreffen.

Fotos zu Beginn des Krieges zeigen einige Offiziere, wie zum Beispiel Eduard Dietl, die extrem lange Strickgamaschen trugen, die nicht nur bis zum Knöchel, sondern bis unter die Knie gewickel wurden.

Die Panzer-Uniform

Von allen Uniformen, die die Gebirgsjäger getragen haben, war die schwarze Panzeruniform sicherlich diejenige Uniform, die am seltensten auf Fotografien zu sehen ist. Die Nutzung von gepanzerten Fahrzeugen durch Gebirgsdivisionen war nämlich höchst selten, bis auf eine Einheit, die 7. SS-Freiwilligen-Gebirgsdivision "Prinz Eugen". Von ihr ist bekannt, dass sie über leichte Panzerfahrzeuge verfügte, um im Kampf gegen die Partisanen in Jugoslawien zu bestehen. In der Hauptsache waren dies erbeutete leichte Panzer von der Westfront, die 1940 erobert worden waren. Diese Fahrzeuge waren sinnlos im Einsatz gegen die Panzer der Roten Armee, aber hatten doch ihren Nutzen im Kampf gegen die leicht bewaffneten Partisanen Titos.

Die Besatzungen dieser Panzer trugen die übliche schwarze SS-Panzeruniform mit den entsprechenden Abzeichen der "Prinz Eugen"-Division, inklusive der Odal-Runen auf den Kragenspiegel. Die Divisions-Abzeichen und das Edelweiß-Abzeichen wurden auf dem rechten Ärmel getragen und auf der linken Seite der M43-Panzermütze.

Das Zusammengehörigkeitsgefühl

Die Mitgliedschaft in einer Eliteeinheit schafft immer ein spezielles Zusammengehörigkeitsgefühl. Hier waren die Gebirgsjäger nicht anders als andere Spezialeinheiten. Man brauchte nämlich ganz besonders ausgebildete Soldaten, um in den höchsten Höhen der Gebirge kämpfen zu können, dort, wo es klimatisch wechselhaft war, gleichzeitig große Lasten getragen werden mussten und wo es kaum Schutz gab. Dort musste nicht nur gegen den

Die normale Bewaffnung, die von Gebirgstruppen benutzt wurde, war der Mauser Kar98k Karabiner, der von diesem Gebirgsjäger bei einer Ruhepause getragen wird.

Feind, sondern oftmals auch gegen die Natur gekämpft werden.

Bereits seit den ersten Kriegstagen waren die Gebirgsjäger in einer Reihe von erfolgreichen Operationen eingebunden. So zum Beispiel in Lemberg und in Narvik. Das alles hatte den Ruf der Soldaten erheblich gesteigert. Wie Mitglieder anderer Spezialeinheiten gab es danach auch etliche spezielle Abzeichen, die die Gebirgsjäger von anderen Soldaten abhoben. Sie reichten von dem traditionellen Edelweiß-Abzeichen zu eher inoffiziellen Abzeichen verschiedener Einheiten, militärischen Auszeichnungen und Orden, die oftmals nur den Gebirgsjägern verliehen wurden, während andere, die nicht speziell für sie angefertigt wurden, an Ereignisse erinnerten, in denen auch die Gebirgsjäger eine wichtige Rolle gespielt hatten. All diese Auszeichnungen stärkten das Zusammengehörigkeitsgefühl der Gebirgsjäger.

Ein guter Blick auf eine Bergmütze, die hier von Oberstleutnant Alfred Harss des Gebirgsjägerregiments 99 getragen wird. Man beachte, dass das Edelweiß-Abzeichen hier mit einem dunkelgrünen Stoff als Untergrund getragen wird. Der hohe Rand der Schirmmütze deutet hier darauf hin, dass sie entweder privat angeschafft wurde oder aber es sich bereits um eine M43-Feldmütze handelt.

Offizielle Auszeichnungen

Das Edelweiß war das traditionelle Abzeichen der Gebirgsjäger. Es wurde in einer Vielzahl von Formen getragen. Auf der Seite der Bergmütze oder der M43-Feldmütze war das Edelweiß aus Metall, silbrig glänzend mit einem gelb schimmernden Staubblatt. Es hatte angebrachte Löcher, so dass man es an der Mütze befestigen konnte. Vorne auf der Mütze wurde es als reines Blumensymbol angebracht, ohne Staubgefäße, zwischen dem nationalen Hoheitsabzeichen und der Brokat-Kokarde. Auf dem Ärmel war das Edelweiß-Abzeichen aus Stoff. Es konnte maschinengewebt oder maschinengesäumt sein, gelegentlich auch von Hand eingefasst mit einem silbrigen Faden für Offiziere.

Als Gebirgsinfanterie war das erste Abzeichen, dass die meisten Gebirgsjäger nach einem dreimaligen Feindeinsatz erwerben konnten das Infanterie-Sturmabzeichen. Dieses Abzeichen ist auf vielen Fotografien zu erkennen. Es bestand aus silbrig-glänzendem Material und wies einen ovalen, vertikalen Kranz von Eichenlaubblättern auf, über den ein Adler, der nach einem Hakenkreuz greift, angebracht war. In der Mitte war ein Gewehr mit einem aufgesetzten Bajonett zu sehen. Mitglieder anderer Teilstreitkräfte, wie zum Beispiel die Pioniere, konnten sich für das Allgemeine Sturmabzeichen

Gebirgsjäger im Einsatz mit schweren Rucksäcken auf dem Weg in Richtung Gipfel.

Einige der Abzeichen, die von den Gebirgsjägern mit sichtlichem Stolz getragen wurden.
Oben links das Narvik-Abzeichen, in silbrig-grauem Metall auf feldgrauem Stoff-Untergrund. Man beachte das Edelweiß-Abzeichen in der Mitte (s. auch S. 62).
Ganz rechts ist das seltenere Heeresbergführerabzeichen. Ein weißes Edelweiß ist auf einem grünfarbenen Feld zu sehen mit einer weißen Bordüre, auf der der Schriftzug in Schwarz zu lesen ist.
Unten ist das Ärmelband der Gebirgsjäger zu erkennen, mit goldenen Lettern „Kreta“ auf weißem Grund (s. auch S. 64).

qualifizieren. Auch dieses Abzeichen aus Metall wies den Adler, ein Hakenkreuz und einen Eichenlaubkranz rund um eine gekreuzte Handgranate und einem Bajonett auf.

Diejenigen, die in einem 15-, 30- oder 50tägigen Kampf gegen den Feind gestanden hatten konnten sich für die Nahkampfspange in Bronze, Silber oder Gold qualifizieren *(Abb. S.66)*. Diese Auszeichnung wurde über der linken Brusttasche getragen und hatte als zentrales Motiv einen Adler mit Hakenkreuz über einer gekreuzten Handgranate und einem Bajonett über einem rechteckigen und nicht einem ovalen Eichenlaubkranz. An den Seiten standen Eichenlaubblätter über Sonnenstrahlen ab.

Dies waren alles Auszeichnungen, die allen Soldaten der Teilstreitkräfte offen standen und nicht speziell für Gebirgsjäger vorgesehen waren. Natürlich standen den Gebirgsjägern auch alle anderen Auszeichnungen zur Verfügung, die auch allen anderen Soldaten für ihren Einsatz im Feld verliehen wurden: das Kriegsverdienstkreuz, das Eiserne Kreuz, das Deutsche Kreuz und so weiter. Es gab darüber hinaus aber auch eine Reihe von Orden, die nur den Gebirgsjägern verliehen wurden.

Das Narvik-Abzeichen

Eingeführt im August 1940 war dieses Abzeichen dazu da, Mitglieder des Heeres, der Marine und Luftwaffe zu würdigen, die an der historischen Schlacht um den norwegischen Hafen Narvik teilnahmen. Das Abzeichen bestand aus einem Schild mit oben angebrachtem Reichsadler mit geschwungenen Schwingen, der nach dem Hakenkreuz griff. Danach kam ein rechteckiges Feld, auf dem die Aufschrift "NARVIK" in Großbuchstaben zu lesen war. Auf dem Schild selbst war oben links die Zahl "19" und rechts oben die Zahl "40" zu lesen. In der Mitte des Abzeichens befand sich eine Darstellung der jeweiligen Teilstreitkraft: Ein Anker für die Marine, ein Propeller für die Luftwaffe und für das Heer und die Edelweiß-Blume für die Gebirgsjäger. Das Abzeichen war grau oder aus einem silbrig schimmernden Metall für die Luftwaffe und das Heer und in goldglänzendem Metall für die Marine. Das Schild wurde durch kleine Haken auf der Uniform befestigt mit einer rückwärtigen Metallplatte oder wurde entsprechend auf dem oberen linken Ärmel aufgenäht. Im Fall der Gebirgsjäger war das Abzeichen natürlich aus feldgrauem Wollstoff. (s. auch S. 80)

Das Kreta-Ärmelband

Dieses Stoffabzeichen, das ein Kampfgedenkabzeichen war, wurde am 16. Oktober 1942 geschaffen, um diejenigen zu ehren, die an der Einnahme der Insel und dem Kampf gegen Briten und Commonwealth-Truppen im Mai 1942 teilgenommen hatten. Es bestand aus einem weißen Stoffband, rund 3,2 cm breit, das mit einem Goldfaden abgesetzt war. Ebenfalls in Goldfaden war das Wort "KRETA" eingewoben - in Großbuchstaben. Auf beiden Seiten waren Akanthus-Blätter in einem Goldfaden eingewoben. Es wurde am unteren linken Ärmel getragen. Mitglieder der 5. Gebirgsdivision unter General Julius Ringel hatten an dem Kampf teilgenommen und sich für das Kreta-Ärmelband ausgezeichnet. (s. auch S. 80)

Das Heeresbergführer-Abzeichen

Dies war viel eher ein Ausbildungsabzeichen, als eine militärische Auszeichnung und durfte nur von eigens ausgebildeten Soldaten getragen werden. Es wurde unabhängig vom Rang verliehen. Oberstes Prinzip war dabei die Ausbildungsqualifikation und

Ein Gebirgsjäger in Ausgehuniform. Neben dem gewebten Edelweiß-Abzeichen auf seinem rechten Ärmel trägt er ein kleines Edelweiß-Abzeichen unterhalb des Hoheitsabzeichens oben am Mützenschirm.

nicht die militärische Position. Einer der bekanntesten Träger dieses Abzeichens war Generaloberst Dietl. Die Tatsache, dass solche höheren Offiziere nicht nur hochrangige Militärs waren, sondern auch hoch ausgebildete Experten trugen sehr dazu bei, dass sie über ein hohes Ansehen bei ihren Männern verfügten.

Das Abzeichen war ein sehr qualitätsvolles Abzeichen. Es hatte eine ovale Form. Die Mitte war in Grün gehalten und wies ein silbrig-glänzendes Edelweiß auf. Die Einfassung des ovalen Abzeichens war in Weiß eingefasst und wies den Schriftzug "Heeres Bergführer" in schwarzen gotischen Buchstaben auf.

Originale eines solchen Abzeichens sind extrem selten geworden und erreichen bei Auktionen unter Liebhabern hohe Preise. Als Folge davon wurden sie, genauso wie das Kreta-Ärmelband, oftmals gefälscht. Glücklicherweise wiesen die Nachkriegs-Heeresbergführer-Abzeichen die Inschrift in goldfarbenem gewebtem Faden auf und nicht in schwarzen Buchstaben, so dass sie einfach von den Kriegsabzeichen zu unterscheiden waren.

Ein vergleichbares Abzeichen wurde auch von erfahrenen Gebirgsjägern und Skitruppen in der deutschen Polizei und dem Zoll getragen, die an Deutschlands Südgrenze stationiert waren. Zusätzlich zu diesen Abzeichen hatten die Einheiten der Gebirgsjäger auch inoffizielle Abzeichen, die normalerweise aus Zink gefertigt wurden, die oftmals am Gürtel in Form eines Anhängers getragen wurden. Sie wiesen in der Regel auf der Oberfläche den Einsatzort der jeweiligen Einheit auf. Auf der Rückseite wurden die Schlachten eingraviert, an denen die Einheit teilgenommen hatte.

Ein weiteres Abzeichen, das oft getragen wurde, waren spezifische Traditionsabzeichen der jeweiligen Einheit. Aber auch diese waren inoffiziell aber weitgehend toleriert, weil sie halfen, den Korpsgeist der jeweiligen Einheit zu stärken. Die folgenden Abzeichen wurden getragen - zumeist auf der linken Seite der Bergmütze oder der M43-Feldmütze: Ein dunkelgrüner Stoff als Untergrund wies dabei das Edelweiß auf, eine kleine metallene Abbildung einer Gemse und eine kleine metallene Abbildung einer Enzian-Pflanze. Viele dieser Abzeichen wurden in die offizielle Reihe der Divisionsabzeichen aufgenommen.

Ein Unteroffizier der Gebirgsjäger in Dienstuniform mit der üblichen Bergmütze. Die Bergmütze zeichnete sich durch einen nicht ganz so hohen Mützenschirm aus wie die üblicherweise von allen anderen Wehrmachtsteilen getragene Feldmütze.

Etliche Gebirgsjäger, die ihr ganzes bisheriges Leben in den Bergen gelebt hatten, waren ausgezeichnete Kletterer. Deshalb produzierte das Heer auch ein spezielles Abzeichen, handwerklich sauber ausgearbeitet und ausgestaltet, dass das Edelweiß auf einem ovalen grünen Feld zeigte, mit einem Schriftzug, das den Titel "Heeresbergführer" trug. Auch dieses Abzeichen zeichnete die individuelle Fähigkeit des Trägers aus, nicht seinen militärischen Rang. Die Tatsache, dass dieses relativ seltene Abzeichen vom Unteroffizier aufwärts bis

Eine gestellte Aufnahme für diejenigen, die nach Hause zurückkehrten, zeigt die Ausrüstung eines Gebirgsjägers. Ein vollgestopfter Rucksack, ein Kletterseil, ein Eispickel, der Mauser Kar98k und natürlich die unumgängliche Bergmütze gehören dazu. Diese Aufnahme wurde für das Gebirgsartillerieregiment 19 in Garmisch Partenkirchen produziert.

zum General getragen wurde, weist darauf hin, dass es bei den Gebirgsjägern zumeist auf spezielle Kenntnisse ankam.

Wie viele andere Teilbereiche der Streitkräfte hatten auch die Gebirgsjäger ganz besondere Marschlieder. Viele von ihnen waren eigens für sie geschrieben worden. Das populärste war wahrscheinlich "Erika", dabei stand das deutsche Wort "Erika" sowohl für den Frauennamen als auch für die Heide-Pflanze. Aber auch andere Lieder, wie das "Narvik-Lied" der Gebirgsjäger oder "Es war ein Edelweiß" waren mehr als populär.

Die Gebirgsjäger hatten darüber hinaus auch viele Verbindungen zu Einheiten der Hitlerjugend und es war immer etwas Besonderes für die Jugendlichen, die Einheiten der Gebirgsjäger zu besuchen. Sie wurden immer sehr willkommen geheißen und in erste Kenntnisse über das Skifahren, Felsenklettern und Abseilen eingewiesen. Noch heute ist Garmisch, der Sitz der 1. Gebirgsdivision, ein äußerst populärer Wintersportort.

Die Gebirgsjäger hatten alles in allem ein sehr enges Verhältnis zu ihren Kommandeuren. Das lag vielleicht an dem gemeinsamen Feindbild, dem gegenseitigen Vertrauen und Respekt. Die Kommandeure der Gebirgsjäger waren zudem keine Schreibtischgeneräle, sondern überall da anzutreffen, wo auch ihre Einheiten standen. So nahmen die jeweiligen Befehlshaber auch mehr ein paternalistisches Verhältnis gegenüber ihren Untergebenen Offizieren und Soldaten ein. Als Folge davon hatten viele Befehlshaber wie Eduard Dietl und Julius "Papa" Ringel unter ihren Leuten ein mehr als hohes Ansehen.

Natürlich gab es auch hier Ausnahmen und eine jener Ausnahmen war sicherlich Generalfeldmarschall Schoerner, der weder von seinen Offizieren und Soldaten gemocht, noch respektiert wurde. Schoerner war ein überzeugter Nazi, ein brutaler und intoleranter Mann, der seine Leute lieber opferte, als sie womöglich zurückzuziehen. Er folgte Hitlers Anweisung enthusiastisch, "bis zur letzten Patrone" zu kämpfen.

Alles in allem waren die Gebirgsjäger jedoch sehr stolz auf ihre Einheiten, ihre Kommandeure und ihre Leistungen. Die deutsche Nachkriegsarmee, die Bundeswehr, setzte diese Tradition der Gebirgsjäger fort. Auch das Edelweiß-Abzeichen blieb erhalten und das Hauptquartier der Gebirgsjäger, die Dietl-Kaserne, wurde nach dem "Helden von Narvik" benannt. In den letzten Jahren, als die politische "correctness" immer weiter um sich griff und alle Assoziationen der Bundeswehr mit der Wehrmacht kritisch überprüft wurden, wurde der Name für die Kaserne aufgegeben - sehr zum Leidwesen vieler aktiver und früherer Gebirgsjäger.

Bis heute gibt es unter den Gebirgsjägern der Kriegszeit immer noch ein sehr lebendiges Vereinsleben von Veteranen das sehr viel lebendiger ist, als in vielen Ländern der früheren Alliierten.

Deutsche Gebirgsjäger und Skitruppen

Eine „neue" Eliteeinheit

Einführung

Alle Verweise auf Eliteeinheiten in den bewaffneten deutschen Streitkräften im Zweiten Weltkrieg erinnern zumeist an solche Eliten wie die Fallschirmjäger, die Panzertruppe oder die Waffen-SS. Aber es gibt eine Truppengattung der kämpfenden Einheiten an der Front, die vielleicht mehr als andere den Beinamen "Elite" verdient: die Gebirgsjäger.

Für die Deutschen war der Gebirgsjäger eine relativ neue Truppengattung, die nicht weiter als bis 1915 zurückreichte, als die ersten Einheiten der Gebirgsjäger in Bayern aufgestellt wurden. Sie umfassten damals kampferprobte Soldaten vorwiegend aus Baden-Württemberg und Bayern. Sie hatten sich im Kampf besonders ausgezeichnet und hatten unter Offizieren wie dem jungen Erwin Rommel gedient, der seine Pour-le-Merite-Auszeichnung als Offizier einer Gebirgseinheit erhielt.

Ein Unteroffizier der Gebirgstruppe während einer Kletterübung. Man beachte die Bergmütze und die M36-Uniformjacke. Er trägt die üblichen Bergstiefel und Gamaschen. (Josef Charita)

Nach Ende des Ersten Weltkrieges wurde ein harter Kern erfahrener Gebirgskämpfer in der Armee der Weimarer Republik aufgenommen, so dass 1935, als Hitler den Friedensvertrag von Versailles für null und nichtig erklärte und an den Aufbau einer neuen deutschen Armee ging, bereits der Kern einer Gebirgsdivision vorhanden war.

Der "Anschluss" mit Österreich im Jahr 1938 führte den Deutschen viele ausgebildete und erfahrene Gebirgskämpfer aus den Reihen der österreichischen Armee zu, die auf eine sehr viel längere Geschichte in der Kriegsführung im Gebirge zurück blicken konnte. Auf einen Schlag konnten zwei weitere Gebirgsdivisionen aufgestellt werden.

Gebirgsjäger waren ursprünglich leichte Infanterie, die besonders für die Kriegsführung im Gebirge ausgebildet worden war. Das Terrain, in dem sie zu kämpfen hatten, dingte, dass die traditionellen Unterstützungsmaßnahmen für andere Infanteriedivisionen, wie schwere Artillerie, gepanzerte Fahrzeuge und Panzer, von ihnen nicht genutzt werden konnten. Abgesehen von einigen leichteren Geschützen und Haubitzen, die zerlegt und durch Maultiere befördert werden konnten kämpften die Gebirgsjäger in erster Linie als Infanterieeinheiten, die auf sich alleine gestellt waren und sich so bewähren mussten.

Der typische Gebirgsjäger musste also über eine hervorragende körperliche Konstitution verfügen. Er musste nämlich nicht nur oftmals größere Mengen an Ausrüstungsgegenständen in seinem

Gebirgsjäger Major Karl Eisgruber. Man beachte das Edelweiß-Abzeichen auf der linken Seite des Umschlags der Bergmütze und die doppelte Knöpfung der Seitenklappen vorne. Die Waffenfarben auf den Kragenspiegeln sind in hellgrün gehalten. (Josef Charita).

Rucksack tragen - eine Ausrüstung, die normalerweise bei anderen Einheiten der Nachschub befördern würde - sondern gleichzeitig musste er mit diesem ganzen Gepäck auf Berge steigen. Später im Krieg fand sich diese hervorragend ausgebildeten Truppen, ähnlich wie die Fallschirmjäger, als einfache Infanterieeinheiten an der Front wieder - weit entfernt von ihren lieb gewonnenen Bergen - wo sie große Verluste hinnehmen mussten.

Die Moral und der Kampfgeist in diesen Einheiten waren äußerst hoch und Kommandeure, wie etwa Eduard Dietl, der "Held von Narvik", oder Julius "Papa" Ringel wurden von ihren Männern als Idole angesehen. Wenn sie in ihrem Element waren, kämpfte die - sei es nun in den Bergen in Norwegen oder im Kaukasus - mit einem Elan und einer Verbissenheit, die es so schnell nicht ein zweites Mal gab.

Es ist vielleicht bemerkenswert, dass der erste Soldat, der das Ritterkreuz mit Eichenlaub zum Eisernen Kreuz erhielt Generaloberst Eduard Dietl war, dessen Name noch heute die Ausbildungsschule der deutschen Bundeswehr-Kaserne, die Dietl-Kaserne in Füssen, trägt.

Gebirgsdivisionen

1. Gebirgsdivision

Befehlshaber

Generalmajor Ludwig Kubler (1937-41)
Generalmajor Hubert Lanz (1942-43)
Generalmajor Hermann Kress (1943)
Ritter von Graberhofen (1943-44)
Generalleutnant Josef Kubler (1945)

Größere Einheiten

Gebirgsjäger Regiment 98
Gebirgsjäger Regiment 99
Gebirgs-Artillerie-Regiment 79
Panzerjäger Abteilung 54
Gebirgs-Pionier Abteilung 54
Gebirgs-Nachrichten Abteilung 54

Die Division wurde im April 1938 aufgestellt und war in Garmisch-Partenkirchen, in Bayern, stationiert. Der dazu gehörige Wehrkreis war der Wehrkreis VII. Nach dem "Anschluss" mit Österreich im Jahr 1938 wurden auch etliche österreichische Soldaten dort aufgenommen. Die Division hatte ursprünglich auch ein drittes Gebirgsjäger-Regiment, das 100., das allerdings im Jahr 1940 der 5. Gebirgsdivision zugeteilt wurde. Als Teil der XIV. Armee nahmen sie am Einmarsch in Polen teil und nahm dabei den Dukla-Pass in den Karpaten ein. Sie zeichneten sich auch beim Angriff auf Frankreich und auf die Niederlande im Jahr 1940 beim Übergang über die Loire und die Maas aus und nahmen beim Einmarsch in Jugoslawien teil.

Im Sommer 1941 gehörte die 1. Gebirgsdivision zu den Streitkräften Hitlers, die in Russland einfielen. Sie war Teil der Heeresgruppe Süd und wurde in Uman, Kiew, Stalino und bei der Überquerung des Dnjepr eingesetzt.

Im Frühjahr 1942 kämpfte die 1. Gebirgsdivision als Teil der 1. Panzerarmee im Donetsbecken. In diesem Sommer war sie auch die Speerspitze beim Vorstoß in den Kaukasus und blieb in dieser Region bis 1943. Darüber hinaus nahm sie in den Abwehrschlachten im Süden Russlands bis zum März 1943 nach der Niederlage von Stalingrad teil, ehe sie nach Griechenland verlegt wurde. Dort wurde sie ein Teil der strategischen Reserve des Oberkommandos der Wehrmacht und wurde zum Einsatz gegen Partisanen bis zum April 1944 benutzt, als sie nach Ungarn verlegt wurde. Sie wurde dort kurzfristig im August von der Front zurückverlegt, aber kehrte kurz darauf als Teil der 2. Panzerarmee nach Ungarn zurück, um an der letzten deutschen Offensive im Osten, rund um den Plattensee, teilzunehmen.

Eine gemischte Gruppe von Gebirgsjägern und Seeleuten der Kriegsmarine von der gesunkenen deutschen Zerstörer-Flottille in den Bergen von Narvik im Jahr 1940.

Gegen Ende des Krieges wurde sie auf 1. Volks-Gebirgsdivision umgetauft und fand sich im Südosten Österreichs wieder, als der Krieg langsam zu Ende ging. Die Soldaten gerieten zumeist in russi-

Eine kombinierte Kampfgruppe bestehend aus Kriegsmarine-Soldaten, Luftwaffen-Personal und Gebirgsjäger während des Kampfes um Narvik.

sche Kriegsgefangenschaft und viele von ihnen kehrten nicht mehr zurück.

2. Gebirgsdivision

Befehlshaber

Generalleutnant Valentin Feuerstein (1938-41)
Generalmajor Ernst Schlemmer (1941-42)
Generalleutnant Ritter Georg von Hengl (1942-43)
Generalmajor Hans Degan (1944-45)

Größere Einheiten:

Gebirgsinfanterieregiment 136
Gebirgsinfanterieregiment 137
Gebirgs-Artillerieregiment 111
Radfahrer-Abteilung 67
Gebirgs-Panzerjägerabteilung 47
Gebirgs-Pionierabteilung 82
Gebirgs-Nachrichtenabteilung 67

Ein deutscher Seemann, dessen Schiff entweder gesunken oder gestrandet ist, nimmt an den Kämpfen rund um Narvik an der Seite der Gebirgsjäger teil und berichtet hier General Dietl.

Die 2. Gebirgsdivision war im österreichischen Innsbruck stationiert, im Wehrkreis XVIII. Die Division wurde zumeist aus Tiroler Österreichern nach dem "Anschluss" gebildet. Als der Krieg ausbrach, diente die Einheit als Teil der Heeresgruppe Süd beim Einmarsch in Polen. Danach nahm sie an der Invasion Norwegens teil und kämpfte im Raum Narvik als Unterstützung für die 3. Gebirgsdivision, die unter erheblichem Druck von Seiten der Briten stand. Danach wurde sie als Besatzungstruppe im nördlichen Norwegen und in Lappland gebraucht.

Zu Beginn der Operation Barbarossa im Juni 1941 wurde die Division Teil des XIX. Gebirgskorps der 20. Gebirgsarmee und nahm am Vorstoß auf Murmansk teil. Sie blieb dabei in dieser Region bis Ende 1944, als die Finnen einen eigenen Friedensvertrag mit der Sowjetunion abschlossen und die deutschen Einheiten in Lappland sich nach Norwegen zurückziehen mussten. Die Division erlitt erhebliche Verluste bei der Winteroffensive 1944-45.

Danach folgte eine Verlegung an die Westfront und die meisten Kampfregimenter wurden neu aufgestellt und verstärkt, obwohl die Qualität der Verstärkung nicht mehr an die Ausgangslage der Division heranreichte. Danach wurde die Division Teil der Heeresgruppe G im Februar 1945 und nahm an den Kämpfen entlang der Saar und der Mosel teil, bevor sie sich nach Süddeutschland zurückzog, wo sie sich dem XII. Korps anschloss. Die versprengten Überreste ergaben sich im Mai 1945 den Amerikanern.

3. Gebirgsdivision:

Befehlshaber

Generalleutnant Eduard Dietl (1938-40)
Generalleutnant Hans Kreysing (1940-43)
Generalleutnant August Wittmann (1943-44)
Generalleutnant Paul Klatt (1945)

General Dietl wird von zwei Offizieren der Kriegsmarine dabei beobachtet, wie er sich auf Skiern auf den Weg in die Berge rings um Narvik macht. Man beachte die langen Stricksocken und die hohen Gebirgsstiefel. Die breiten Generalsstreifen auf den seitlichen Hosen sind nur schwer auszumachen. Seine Uniform ist die Offiziersversion der M36-Feldjacke.

Größere Einheiten:

Gebirgs-Infanterieregiment 138
Gebirgs-Infanterieregiment 139
Gebirgs-Artillerieregiment 112
Radfahrer-Abteilung 68
Gebirgs-Panzerjägerabteilung 48
Gebirgs-Pionierabteilung 83
Gebirgs-Nachrichtenabteilung 68

Die Division wurde aus einem Zusammenschluss der früheren österreichischen 5. und 7. Gebirgsdivision nach dem "Anschluss" geformt. Nach dem Ausbruch der Feinseligkeiten im Jahr 1939 wurde die Division Teil des XVIII. Korps der 14. Armee, eine der Schlüsseleinheiten der Heeresgruppe Süd, und nahm dabei erfolgreich am Einmarsch in Polen teil. Danach wurde die Division an die Westfront verlegt und im März von der Front zurückverlegt, um sich auf die Teilnahme an der Einnahme Norwegens vorzubereiten.

Sie wurde als Speerspitze der Einheiten für die Einnahme Narviks im April 1940 ausgewählt. Eines der Regimenter der Division, das 138., nahm Trondheim ein, obwohl sie arg geschwächt waren. Als die Briten daraufhin vorrückten, fanden sich die Gebirgsjäger inmitten heftigster Kämpfe. Es wurde erbittert gekämpft und Dietl gab zu, daran gedacht zu haben, seine restlichen Truppen in schwedische Internierung zu verlegen. Die Einheiten kämpften jedoch verbissen und gewannen am Ende - nach zwei Monaten schwerster Gefechte.

Die 3. Gebirgsdivision nahm daraufhin am Einmarsch in die Sowjetunion teil - beim Vorstoß von Nord-Finnland in Richtung auf den Hafen von Murmansk. Die Einheiten verblieben in dem Sektor bis zum Herbst 1942. Danach wurden sie nach Süden verlegt, weil dort die Front unter großen Druck durch russische Gegenangriffe geraten war. Die Division nahm auch Teil an dem Versuch, die 6. Armee in Stalingrad zu ersetzen.

Die Division kämpfte daraufhin in den Abwehrschlachten in der Ukraine, bevor sie sich durch Ungarn in die Tschechoslowakei zurückzog, wo sie Teil des XXXXIX Panzerkorps wurde. Sie kämpfte dabei in Oberschlesien, bis der Krieg zu Ende war und ergab sich russischen Streitkräften.

Nach dem erfolgreichen Ende des Kampfes um Narvik entspannen General Dietl und einige seiner Offiziere an Bord eines norwegischen Fischerbootes. Man beachte die besonders dicken Sohlen der Bergstiefel.

4. Gebirgsdivision:

Befehlshaber

Generalleutnant Karl Eglseer (1940-42)
Generalleutnant Hermann Kress (1943)
Generalleutnant Julius Braun (1944)
Generalleutnant Friedrich Breith (1944-45)

Größere Verbände:

Gebirgs-Infanterieregiment 13
Gebirgs-Infanterieregiment 91
Gebirgs-Artillerieregiment 94
Radfahrabteilung 94
Gebirgs-Panzerjägerabteilung 94
Gebirgs-Pionierabteilung 94
Gebirgs-Nachrichtenabteilung 94

Ein Gebirgsjäger-Trupp auf dem Marsch ins Gebirge mit schwer beladenen Maultieren. Die Gebirgsjäger tragen die grauen Armeemäntel mit den großen Wehrmachtsrucksäcken. (Ian Jewison)

Diese Division war im Jahr 1940 neu aufgestellt worden. Sein Heimat-Wehrkreis war der Wehrkreis IV, der Sachsen und Teile von Preußen und Schlesien umfasste. Sie bestand zumeist aus Deutschen, weniger aus Österreichern, die aus anderen Einheiten wie der 25. und 27. Infanteriedivision abgezogen worden waren.

Die Division befand sich bis zum Frühjahr 1941 in der Ausbildung, als sie Teil der 12. Armee für den Angriff auf Jugoslawien wurde. Nach der Beendigung der Kampagne auf dem Balkan wurde sie Teil der 17. Armee der Heeresgruppe Süd für den Einmarsch nach Russland. Sie nahm dabei am Vorstoß auf die Wolga teil und kämpfte in Umam, wo sie schwere Verluste erlitt.

In der deutschen Sommeroffensive im Jahr 1942 setzte sich die Division im Kaukasus fest und kämpfte dort unter harten Bedingungen. Die Division nahm dabei am Einschluss der russischen Landungsstreitkräfte in Noworossijsk im Kuban-Brückenkopft teil. Im Jahr 1944 erhielt die gesamte Division eine Auszeichnung wegen ihres Beitrags beim Kampf im Dnjepr-Becken gegen die 1. Sowjetische Panzerarmee.

Ende 1944 zog sich die Division über die Karpaten in Richtung Ungarn zurück und war in die Abwehrschlachten in der Tschechoslowakei und in Österreich involviert. Am Schluss war sie Teil der 1. Panzerarmee. Gegen Ende des Krieges war die einstmals kampfstarke Truppe auf eine Kampfgruppe zusammengeschmolzen. Sie ergab sich am 9. Mai 1945.

Auf diesem Foto kann man besonders deutlich verschiedene Details der Bergmütze erkennen. Man beachte die steile Hutform und den kurzen Hutabschluss. Der Offizier, der hier zu sehen ist, trägt zudem einen Regenmantel. (Josef Charita)

4

5

Die Uniform
1: Soldat, Gebirgsjäger
2: Hauptmann, Gebirgsjäger
3: General der Gebirgstruppe:
4: Edelweiß Mützenabzeichen
5: Gebirgsjäger Ärmelabzeichen

A

Paradeuniform
1: Jäger
2: Feldwebel
3: Hauptmann

B

Zu Beginn des Krieges, 1940-42
1: Unteroffizier, Gebirgsjägerregiment
2: General der Gebirgstruppe
3: Feldwebel, Kreta 1942

C

Narvik, Norwegen, 1940:
1: Soldat, Gebirgsjäger
2: Unteroffizier, Gebirgsjägerregiment
3: Unteroffizier, Gebirgsjägerregiment

D

Kampfplatz Mittelmeer, 1942-44
1: Gefreiter, Gebirgsjägerregiment
2: Jäger, Gebirgsjägerregiment
3 Oberfeldwebel, Gebirgsjägerregiment
4: Edelweiß-Bergmütze-Abzeichen

E

Ostfront, 1942-43
1: Oberfeldwebel
2: Gebirgsjäger
3: Oberfeldwebel

F

Nordrussische Front, 1942-44
1: Skijäger, Leutnant
2: SS-Schütze, "Nord" Division
3: Gebirgsjäger, Unteroffizier
4: Skijäger-Ärmelabzeichen
5: Skijäger Mützenabzeichen

Anti-Partisanenkampf auf dem Balkan, 1943-44
1: Gebirgsjäger
2: Unteroffizier, Gebirgsjägerregiment 99
3: SS-Rottenführer, "Prinz Eugen" Division
4: Anti-Partisanenabzeichen

H

5. Gebirgsdivision

Befehlshaber

Generalleutnant Julius Ringel (1940-41)
Generalmajor Max-Gunther Schrank (1945)

Größere Verbände:

Gebirgs-Infanterieregiment 85
Gebirgs-Infanterieregiment 100
Gebirgs-Artillerieregiment 95
Radfahrabteilung 95
Gebirgs-Panzerjägerabteilung 95
Gebirgs-Pionierabteilung 95
Gebirgs-Nachrichtenabteilung 95

Diese Elitedivision wurde im Herbst 1940 aufgestellt und wurde für die meiste Zeit von ihrem äußerst populären und charismatischen Befehlshaber Julius "Papa" Ringel angeführt. Obwohl ihre Heimatbasis eigentlich das österreichische Salzburg war, kamen die meisten Männer aus Bayern.

In den ersten Monaten ihres Bestehens verbrachte die Division zu Ausbildungszwecken in den bayerischen Alpen. Danach wurde sie auf den Balkan verlegt, wo sie eine herausragende Rolle in der Niederschlagung der Metaxas-Verteidigungslinie und des nachfolgenden Widerstands der Griechen und der Commonwealth-Truppen einnahm.

Innerhalb von wenigen Wochen, nach der erfolgreichen Kampagne in Griechenland, wurden Ringels Gebirgsjäger Teil der deutschen Angriffsstreitkräfte, die gegen Kreta eingesetzt wurden. Während der Schlacht von Maleme kamen diese hart kämpfenden Gebirgstruppen den auf Kreta eingeschlossenen Fallschirmjägern zu Hilfe und trugen so zum Wendepunkt des Kampfes auf der Insel bei.

Ab Spätsommer 1941 bis zum März 1942 wurde den Einheiten eine Ruhepause gegönnt. Danach traten sie jedoch wieder als Kampfverband an der Ostfront auf, diesmal als Teil der Heeresgruppe Nord, die in der Volkov-Region an der Leningrad-Front zum Einsatz kam. Die Division blieb in dieser Region bis Ende 1943 und zeichnete sich dabei bei vielen Gelegenheiten aus.

Im Dezember 1943 wurde die Division nach Italien verlegt unter dem Befehl der 10. Armee. Die Division nahm an den Abwehrschlachten im Fuß Italiens teil und zeichnete sich dabei in den Kämpfen an der Gustav- und Goten-Linie aus. Gegen Ende des Krieges wurde sie in die Kämpfe auf der Grenze zwischen Italien und Frankreich verwickelt und ergab sich Ende April 1945 amerikanischen Verbänden.

General Eduard Dietl nach der Schlacht um Narvik. Man beachte das Narvik-Abzeichen, das auf dem linken oberen Ärmel getragen wurde. Dietl trägt hier eine Vorkriegsuniform. Zu sehen ist auch das Ritterkreuz mit Eichenlaub (Josef Charita).

6. Gebirgsdivision

Befehlshaber:

Generalmajor Ferdinand Schörner (1940-42)
Generalleutnant Philipp Christian (1942-44)
Generalmajor Max Pemsel (1944-45)

Größere Verbände:

Gebirgs-Infanterieregiment 141
Gebirgs-Infanterieregiment 143

Eine MG42-Maschinengewehreinheit der Gebirgsjäger an der Ostfront. Obwohl der Soldat links eine leichte Sommeruniform trägt, trägt der Obergefreite mit dem Fernglas einen schweren Wollmantel. Er ist ein Veteran aus der Schlacht um Narvik (Josef Charita).

Gebirgs-Artillerieregiment 118
Gebirgs-Kraftradabteilung 157
Gebirgs-Panzerjägerabteilung 91
Gebirgs-Pionierabteilung 91
Gebirgs-Nachrichtenabteilung 96

Diese Division wurde im Jahr 1940 aufgestellt und begann seinen Kriegseinsatz als Besatzungstruppe in Frankreich, bevor die Einheit als Teil der 12. Armee nach Polen verlegt wurde. Als der Krieg auf dem Balkan begann, wurde die Einheit nach Süden verlegt und nahm am Einmarsch in Griechenland teil und hier ganz besonders bei der Niederwerfung der Metaxas-Linie. Obwohl einige Einheiten wahrscheinlich auch bei der Operation gegen Kreta teilgenommen haben, blieben die meisten Einheiten der Division in Griechenland als Teil der Besatzungsstreitkräfte, bevor sie im September 1941 nach Norwegen verlegt wurden.

Als Teil des Gebirgskorps Norwegen nahm sie am Einmarsch in Russland in Richtung Murmansk teil. Sie blieb im nördlichen Sektor der russischen Front bis Ende 1944, bis die Finnen einen separaten Frieden mit Russland abschlossen. Damals zog sich die Division nach Norwegen zurück, wo sie sich gegen Ende des Krieges den britischen Truppen ergaben.

7. Gebirgsdivision

Befehlshaber:
Generalleutnant August Krakau

Größere Verbände:
Gebirgs-Infanterieregiment 144
Gebirgs-Infanterieregiment 206
Gebirgs-Artillerieregiment 82
Kraftradabteilung 99
Gebirgs-Panzerjägerabteilung 99
Gebirgs-Pionierabteilung 99
Gebirgs-Nachrichtenabteilung 99

Dieses Foto zeigt General Kubler, der gerade dabei ist, Unteroffizier Georg Audenrieth das Ritterkreuz zum Eisernen Kreuz zu verleihen. Das Gebirgsjäger-Abzeichen ist sehr deutlich auf dem Arm des Ausgezeichneten zu erkennen. (Josef Charita)

Ein Porträt von Oberst Wolf Hagemann, dem das Ritter Kreuz zum Eisernen Kreuz am 4. September 1940 als befehlshabendem Major des III. Bataillons des Gebirgsjägerregiments 139 verliehen wurde. Später wurde er auch mit dem Eichenlaub ausgezeichnet - am 4. Juni 1944 an der Ostfront. Das Gebirgsjägerabzeichen und das Narvik-Emblem sind ebenfalls deutlich zu erkennen. (Josef Charita)

Diese Einheit war ursprünglich als Jäger-Abteilung aufgestellt worden. Sie war im Jahr 1940 als 99. Jägerdivision gebildet worden und diente so im Süden der Ostfront. Im Winter 1942/43 wurde sie von der Front zurückgezogen und nach Deutschland verlegt, wo sie als Gebirgsdivision neu aufgestellt wurde. Zu Beginn des Jahres 1942 griff sie als 7. Gebirgsdivision wieder in die Kämpfe in Finnland ein. Die Einheit blieb in diesem Sektor, bis die Finnen ihren Separatfrieden mit den Russen abschlossen. Danach zogen sie sich über Lappland nach Norwegen zurück und wurden Teil des XVIII. Gebirgskorps. Im Jahr 1945 sollte sie sich eigentlich nach Deutschland zurückziehen, um in die dortigen Abwehrschlachten einzugreifen. Aber der Krieg endete, bevor die Verlegung vorgenommen werden konnte. Die Division ergab sich den Briten in Norwegen.

Teile des Gebirgsjägerregiments marschieren durch den Schnee eines russischen Passes. Alle Soldaten tragen die Bergmütze und haben jeweils schwere Rucksäcke auf ihrem Rücken. Am Ende der Einheit sind einige Maultiere zu erkennen, die schwerere Ausrüstungsgegenstände transportieren.

8. Gebirgsdivision

Es gibt nicht viel, was man über diese Einheit weiß. Sie wurde im Jahr 1942 aufgestellt - in Norwegen - und umfasste wahrscheinlich das 142. und das 144. Gebirgs-Infanterieregiment und das 124. Gebirgs-Artillerieregiment, vermutlich mit den üblichen Panzerträger-, Pionier- und Nachrichteneinheiten. Wahrscheinlich hat die Einheit nie die volle Kampfstärke erreicht. Sie wurde aber im nördlichen Kampfabschnitt der Ostfront bis zum Jahresende 1944 eingesetzt. Danach wurde sie nach Italien verlegt und griff in die Kämpfe in der Po-Ebene ein. Zu diesem Zeitpunkt umfasste die Einheit nicht mehr als 3.000 Männer und unterstand der 10. Armee. Sie ergab sich in Italien im April 1945.

Oberfeldwebel Rudolf Schlee, Truppenführer der 6. Kompanie des Gebirgsjägerregiments 13. Im Oktober 1941 wurde ihm das Ritterkreuz zum Eisernen Kreuz verliehen, am 6. April 1943 die dazu gehörigen Eichenlaubblätter. Man beachte das Infanteriekampfabzeichen der Gebirgsjäger. Sein Edelweiß-Abzeichen ist auf dunkelgrünem Stoffuntergrund angebracht. Das war in einigen Einheiten "Mode" (Josef Charita)

9. Gebirgsdivision

Die konfuse Situation gegen Ende des Krieges führte dazu, dass zwei Divisionen unter dieser Bezeichnung geführt wurden. Die erste 9. Gebirgsdivision hatte nicht mehr als die Stärke einer Kampfgruppe und wurde von Generalmajor Krautler angeführt. Sie war in Norwegen aufgestellt worden und bestand aus Truppen, die am Rückzug durch Finnland teilgenommen hatten. Sie ergaben sich den Briten im Jahr 1945. Die zweite Einheit war auch nicht mehr als eine kleine Kampfgruppe, die Kampfgruppe Semmering, die gebildet worden war, um den Semmering-Pass in Österreich gegen die heranrückenden Russen zu verteidigen. Als "ad-hoc"-Einheit bestand sie aus Einheiten der Gebirgs-Artillerieschule Dachstein, des SS-Gebirgs-Ersatzbataillons Loeben und übrig gebliebenem Luftwaffe-Personal des Jagdgeschwaders Boelke. Offiziell war die Kampfgruppe Teil des III. Panzerkorps der 6. Armee. Am Ende des Krieges hatten sich die Einheiten jedoch aufgelöst. Einige Verbände gelang die Flucht in den Westen, in die amerikanische Zone; andere waren weniger glücklich und gerieten in russische Kriegsgefangenschaft.

Oberfeldwebel Adam Ebner, Ritterkreuzträger der 3. Kompanie des Gebirgsjägerregiments 137. Er nahm am Kampf um Narvik teil. Er ist auch ausgebildeter Fallschirmjäger, darauf deutet sein ***Fallschirmschützenabzeichen*** *auf der linken Brusttasche hin (Josef Charita).*

188. Gebirgsdivision

Diese Einheit diente eigentlich nur als Reserveeinheit, um Gebirgsjäger auszubilden, die dann an die eine oder andere Gebirgsdivision abgestellt wurden. Gegen Ende 1944 wurde sie jedoch als voll ausgebildete Gebirgsdivision aufgestellt und auf dem Balkan eingesetzt, bevor sie in der großen Fleischmühle an der Ostfront aufgerieben wurde. Der Befehlshaber war Wilhelm von Hosslin.

1. Ski-Jägerdivision

Diese Einheit wurde gegen Ende des Jahres 1943 aufgestellt. Sie war ursprünglich eine Brigade, aber wurde Mitte 1944 auf eine Division in Bayern ausgeweitet. Seine hauptsächlichen Einheiten waren das Ski-Jägerregiment 1 und 2 zusammen mit den übliche Pionier-, Nachrichten- und Panzerjägereinheiten. Die Division wurde zuerst im mittleren Frontabschnitt der Ostfront im Sommer 1944 eingesetzt und nahm an den Rückzugsgefechten auf die Weichsel teil. Später im Jahr wurde sie in die Tschechoslowakei verlegt, danach in den Norden von Polen. Am Ende des Krieges stand sie wiederum in der Tschechoslowakei, wo sie sich den Russen im Mai 1945 ergab.

Die Division wurde befehligt von Generalleutnant Gustav Hundt (1944-45).

Augenscheinlich meinten die Deutschen, dass die Division nicht besonders schlagkräftig gewesen war, weil keinerlei Versuch unternommen wurde, eine zweite Ski-Jägerdivision aufzustellen. Zehn Mitglieder der Division zeichneten sich jedoch so weit aus, dass ihnen das Ritterkreuz zum Eisernen Kreuz verliehen wurde.

Erwähnt werden sollten die Hochgebirgsjägerbataillon. Davon wurden vier aufgestellt. Sie sollten in den höchsten Höhen der Gebirge eingesetzt werden. Am Ende wurde jedoch entschieden, dass es für derart hoch ausgebildete Einheiten eigentlich keinen richtigen Bedarf innerhalb der Gebirgsjäger

Gebirgsjäger bahnen sich ihren Weg durch dicken Schnee an der Ostfront im Winter 1942/43. Alle tragen feldgraue Uniformmäntel und sind mit dem Standardgewehr der Wehrmacht, dem Mauser Kar98k ausgerüstet (Josef Charita).

gab und die Soldaten wurden auf die übrigen Gebirgsdivisionen aufgeteilt. Vor ihrer Auflösung wurde das 1. und 2. Bataillon jedoch an der Ostfront, das 3. und 4. Bataillon in Italien eingesetzt. Das Hochgebirgsbataillon 3 bewährte sich dabei außergewöhnlich gut und wurde in Monte Cassino eingesetzt und eine der Soldaten erhielt dafür das Ritterkreuz zum Eisernen Kreuz.

Waffen-SS-Einheiten

6. SS-Gebirgsdivision "Nord"

Befehlshaber

SS-Brigadeführer Richard Herrmann (1940-41
SS-Brigadeführer Karl Demelhuber (1941-42)
SS-Gruppenführer Matthias Kleinheisterkamp (1942-43)
SS-Gruppenführer Lothar Debes (1944)
SS-Obergruppenführer Friedrich-Wilhelm Kruger (1944)
SS-Gruppenführer Karl-Heinrich Brenner (1944-45)

Größere Einheiten:

SS-Gebirgsjägerregiment 11 "Reinhard Heydrich"
SS-Gebirgsjägerregiment 12 "Michael Gaissmair"
SS-Gebirgsartillerieregiment 6
SS-Gebirgs-Nachrichtenabteilung 6
SS-Panzerjägerabteilung 6
SS-Gebirgs-Aufklärungsabteilung 6
SS-Flakabteilung 6
SS-Gebirgs-Pionierabteilung 6

Friedrich Hengstler, hier als Leutnant zu sehen, bekam das Ritterkreuz zum Eisernen Kreuz als Oberfeldwebel beim Gebirgsjägerregiment 98. Besonders interessant hier ist das Heeresbergführerabzeichen auf der linken Brusttasche (Josef Charita).

Zuerst wurde sie als Kampfgruppe "Nord" zu Beginn des Jahres 1941 aus den Totenkopfstandarten 6 und 7 gebildet, zu denen die Nachrichtenabteilung der SS-Verfügungsdivision gezählt wurde. Die Einheit wurde zuerst im nördlichen Teil der Ostfront eingesetzt und nahm an dem wenig erfolgreichen Vormarsch auf Murmansk teil.

Die Kampfgruppe wurde Ende 1941 auf einen Divisionsstatus angehoben und bestand dabei aus einer Mischung aus "reichsdeutschen" und "volksdeutschen" Einheiten. Der Einsatz zu Beginn an der Ostfront war wenig erfolgreich. Das Terrain war dunkel, morastig, Sumpfland und bestand aus Wäldern und die Einheiten erlitten schwere Verluste durch die Russen. Einige der Soldaten, so heißt es, seien in Panik vor den Russen geflohen und nur durch andere Wehrmachtseinheiten und durch die Finnen in der Flanke konnte die Situation stabilisiert werden.

Nichtsdestoweniger blieb die Einheit in diesem Sektor der Front bis zum September 1944. Während dieser Zeit wurde sie in einer Gebirgsdivision umgeformt. Als Teil des XVIII. Gebirgskorps nahm die Einheit an den Rückzugsgefechten von Lappland nach Norwegen teil und war dabei die Rükkhut des gesamten Korps.

Ende 1944 wurde sie aus Norwegen abgezogen und nach Dänemark verlegt, um danach die deutschen Truppen an der Westfront zu verstärken. Durch die Verlegung löste sich der Verband auf. Die ersten Teile, die ankamen, wurde in einer Kampfgruppe, die SS-Kampfgruppe „Nord", zusammengezogen, die an den Schlusskämpfen in den Ardennen teilnahm. Verstärkt durch andere, sich zurückziehende Verbände, nahm sie an den Rükkzugsgefechten im Saarland teil und bewies sich hier sehr viel mehr als an der Ostfront. Sie setzte sich hart und erbittert gegen überlegene amerikanische Verbände zur Wehr, aber wurde am Ende durch die alliierte Überlegenheit stark dezimiert.

Einzelne Teile der Division schlossen sich anderen SS-Einheiten an und kämpften bis zum Ende. Die letzten Teile der Division ergaben sich den US-Streitkräften in Bayern am Ende des Krieges.

Der charismatische und äußerst populäre General der Gebirgsjäger Julius "Papa" Ringel, Kommandeur der 5. Gebirgsdivision.

7. SS-Freiwilligen-Gebirgsdivision "Prinz Eugen"

Befehlshaber

SS-Gruppenführer Artur Phleps (1942-43)
SS-Brigadeführer Reichsritter Carl von Oberkamp (1944)
SS-Brigadeführer Otto Kumm (1944-45)
SS-Oberführer August Schmidhuber (1945)

Größere Einheiten

SS-Gebirgsjägerregiment 13 "Artur Phleps"
SS-Gebirgsjägerregiment 14
SS-Gebirgs-Artillerieregiment 7
SS-Gebirgs-Aufklärungsabteilung 7
SS-Panzerjägerabteilung 7
SS-Gebirgs-Pionierabteilung 7
SS-Gebirgs-Nachrichtenabteilung 7
SS-Flakabteilung 7

Porträtfoto von Leutnant Michael Pössinger, Ritterkreuzträger, des Gebirgsjägerregiments 98. Pössinger wurden auch im Jahr 1945 die Eichenlaubblätter verliehen. Das Gebirgsjägerabzeichen ist klar und deutlich am Oberarm zu erkennen, ebenso die traditionelle Bergmütze (Pössinger).

Im Jahr 1942 wurde der Befehl erteilt eine neue volksdeutsche Freiwilligen-Division aufzustellen, die aus Soldaten der ehemaligen habsburgischen Streitkräfte bestehen sollte. Im April 1942 hatte die neue Division, die als SS-Freiwilligendivision" Prinz Eugen" bezeichnet wurde, mit erheblichen Schwierigkeiten zu kämpfen, ausreichende Uniformen, Ausrüstung und Bewaffnung zu bekommen. Und in der Tat musste die gesamte Division durch den ganzen Krieg hindurch mit eroberten Waffen auskommen.

Unter dem Befehl von Artur Phleps, einem früheren General der rumänischen Armee, griff die Division im Oktober 1942 gegen Titos Partisanen in Serbien in die Kämpfe ein. Danach nahm sie an der Anti-Partisanenbekämpfung in Montenegro, Bosnien und Herzegowina teil und war darüber hinaus bei der Entwaffnung italienischer Einheiten nach der Kapitulation der Italiener im Sommer 1943 beteiligt. Im Frühjahr 1944 nahm sie darüber hinaus beim Angriff auf Titos Hauptquartier in Drvar teil, wo auch zum ersten Mal Fallschirmjäger in größerem Maßstab eingesetzt wurden. "Prinz Eugen" vernichtete dabei Titos 1. Partisanendivision. Mit dem weiteren Kriegsgeschehen ging die eigentliche Gefahr jedoch von den näher rückenden russischen Einheiten aus. Die Einheit deckte dabei den Rückzug der Heeresgruppe E durch Jugoslawien, bevor sie sich selbst zurückzog und erlitt dabei schwere Verluste.

Die Division wurde gegen Ende des Krieges noch einmal verstärkt und ging im Januar 1945 noch einmal in die Offensive gegen Titos Partisanen - mit erheblichen Erfolgen, aber auch schweren Verlusten.

Als Teil des XXXIV. Korps der Heeresgruppe F nahm die Division am Rückzug nach Norden teil, war aber nicht mehr in der Lage, dies geschlossen zu tun. Einige Teile der Division wurden von ihrem Treueeid entbunden, als der Krieg zu Ende ging. Ihnen gelang die Flucht nach Westen, die meisten mussten sich aber den Partisanen Titos ergeben. Nur wenige von ihnen, die in Gefangenschaft gerieten, überlebten diese auch.

Gebirgsjäger entspannen sich während der Kämpfe im nördlichen Sektor der Ostfront. Man beachte die Bergmütze mit dem Edelweiß-Abzeichen, die auf dem Knie des Soldaten im Vordergrund liegt.

13. Waffen-Gebirgsdivision der SS "Handschar (Kroatische Nr. 1)

Befehlshaber
SS-Oberführer von Obwurzer (1943)
SS-Brigadeführer Sauberzweig (1943-44)
SS-Brigadeführer Desiderius Hampel (1944-45)

Größere Verbände:
Waffen-Gebirgsjägerregiment der SS 27
Waffen-Gebirgsjägerregiment der SS 28
Waffen-Gebirgsartillerieregiment der SS 13
SS-Aufklärungsabteilung (mot.) 13
Waffen-Gebirgspionierabteilung der SS13
Waffen-Gebirgsnachrichtenabteilung der SS 13
Waffen-Panzerjägerabteilung der SS 13
Waffen-Flakabteilung der SS 13

Major Herbert Goriany vom Gebirgsartillerieregiment 85. Man beachte das Heeresbergführerabzeichen auf der linken Brusttasche und den üblichen Offiziersgürtel mit dem zweireihigen Verschluss (Josef Charita).

Gebirgsjäger einer Gebirgsdivision an der Ostfront. Unüblicherweise trägt einer von ihnen einen Stahlhelm und seine Bergmütze im Gürtel. Die dicken Profile der Bergstiefel sind besonders gut bei dem vorderen Soldaten zu erkennen. (Ian Jewison).

Die Division wurde im Frühjahr 1943 aufgestellt. Es war beabsichtigt, dass sie allein aus Mitgliedern bosnischer, muslimischer Freiwilliger bestehen sollte, aber weil sich nicht genug meldeten, wurden Christen aus den dortigen Gemeinden zum Dienst gezwungen. Die Division wurde durch erfahrene Waffen-SS-Offiziere kommandiert.

Da es erhebliche Widerstände beim Aufstellen der Division durch die pro-deutschen Kroaten der Ustaschi-Bewegung gab, wurde der Verband nicht in seiner Heimatregion aufgestellt, sondern weit im Westen, im besetzten Frankreich. Er wurde mehrere Male neu bezeichnet, so z. B. Als "Kroatische SS-Freiwilligendivision", "Muselmanische Division" und "SS-Freiwilligen Bosn.-Herzegov.-Gebirgsdivision (Kroatien)".

Himmler war darauf bedacht, ein gutes Einvernehmen mit den bosnischen Moslems zu haben. Er schrieb daraufhin dem Kommandeur der "Prinz Eugen", die bei der Aufstellung des Handschar"-Verbandes mit diente, dass den Soldaten, genauso wie ihren Vorgängern in der Armee der Habsburger, völlige Freiheit bei der Religionsausübung gewährt werden sollte. Auch dürften sie ihre traditionellen Fez-Hüte tragen.

Von Anfang an, als sie in Frankreich aufgestellt

wurde, sah sich die Division etlichen Schwierigkeiten gegenüber. Viele Deutsche, die die moslemischen Rekruten ausbildeten, hatten eine wenig sympathische Einstellung gegenüber ihren Untergebenen. Die Animositäten wuchsen derart stark, dass einige Mitglieder der Division meuterten. Die Niederschlagung erfolgte augenblicklich, die Anführer wurden schnellstens exekutiert. Himmler war außer sich, dass sich die Situation derart verschlechtert hatte.

Weil nur wenige Deutsche an die Zuverlässigkeit der Einheit glaubten, wurde der Verband im Januar 1944 in den Kampf geschickt - zum Anti-Partisaneneinsatz in Bosnien bis zum Herbst des

Sturmbannführer Léon Degrelle, Kommandant der SS-Sturmbrigade "Wallonie" trägt eine M43-Feldmütze, unüblicherweise in der Wehrmachts- und nicht in der SS-Ausführung des Edelweiß-Abzeichens. Merkwürdigerweise ist das Abzeichen auch falsch herum aufgesetzt. Das Edelweiß sollte eigentlich zur Hutfront hinweisen. Diese Einheit durfte das Gebirgsjägerabzeichen als Erinnerung an eine Bergeinheit tragen, die sie war, bevor die wallonischen Freiwilligen zur Waffen-SS überstellt wurden. (Josef Charita)

Oberstleutnant Richard Ernst, Kommandant des Gebirgsjäger Regiments 100. Man beachte das Band des „Blutordens" auf der rechten Brusttaschenklappe, das die Teilnahme an dem misslungenen Hitler-Putsch in München im November 1923 als Auszeichnung anzeigt. (Josef Charita)

Jahres. Mit dem Näherrücken der Roten Armee in der letzten Hälfte des Jahres 1944 brachte es mit sich, dass viele Mitglieder der Division entlassen wurden und einfach nach Hause geschickt wurden. Die Übriggebliebenen, zumeist das deutsche Personal, kämpften als einzelne Kampfgruppen weiter und wurde erst am Ende des Krieges zusammengefasst.

Trotz des anfänglichen Rufs, wenig zuverlässig zu sein, hatten all jene, die bis zum Schluss in der Division waren, tapfer gekämpft. Am Ende des Krieges wurde fünf von den deutschen Offizieren der Division das Ritterkreuz des Eisernen Kreuzes verliehen. Die Division nahm dabei an der letzten deutschen Offensive rund um den Plattensee teil. Anschließend wurden sie nach Österreich abgedrängt. Dort ergab sie sich britischen Streitkräften am Ende des Krieges.

Bosnische Moslems der "Handschar"-Division entspannen sich bei einer Mahlzeit in der Sommerhitze. Man beachte, wie die Zelte aus Tarnzeltstoff aneinander geknöpft sind. (Josef Charita).

Eine Gruppe bosnischer Freiwilliger der 13. Waffengebirgs-division der SS-"Handschar". Man beachte den Fez und die Divisionsabzeichen auf den Kragenspiegeln. (Josef Charita)

21. Waffen-Gebirgsdivision der SS "Skanderbeg" (Albanische Nr. 1)

Befehlshaber
SS-Standartenführer August Schmidhuber (1944-45)
SS-Obersturmbannführer Graaf (1945)

Größere Verbände
Waffen-Gebirgsregiment der SS 50
Waffen-Gebirgsregiment der SS 51

Eine Parade Freiwilliger der "Handschar"-Division. Ihre Kragenspiegel sind gut sichtbar, aber sie tragen keinerlei Edelweiß-Abzeichen. An den Füßen tragen sie die üblichen Gebirgsstiefel mit übergestülpten Gamaschen. Der Fez auf dem Kopf hatte eine burgunder-rote Farbe (Josef Charita).

Die anderen Einheiten der Division trugen die Divisionsnummer 21. Aber die Division erreichte nie volle Divisionsstärke und es war auch nicht bekannt, wie viele der anderen Einheiten wirklich aufgestellt wurden.

Sie wurde ausgehoben im Jahr 1944 und bestand vorwiegend aus freiwilligen albanischen Moslems. Sie litt unter zu wenigen Freiwilligen, weil viele der Freiwilligen selbst zu diesem späten Zeitpunkt im Krieg, wo eigentlich jedermann gebraucht wurde, als unzureichend zurückgewiesen wurden. Bis zum Jahresende gab es nicht mehr als rund 6.000 Freiwillige. Das Fehlen ausreichender Bewaffnung und anderer Ausrüstungsgegenstände zögerte die Aufstellung zusätzlich heraus.

Obwohl noch nicht vollständig aufgestellt worden war, wurden Teile der Division bereits frühzeitig zum Kampf gegen Partisanen eingesetzt - allerdings mit sehr wenig Erfolg. Gegen Ende des Jahres 1944 wurde die Division noch einmal mit rund 3.000 deutschen Seeleuten der Kriegsmarine, die nicht mehr an Bord von Schiffen gebraucht wurden, aufgestockt. Auf sie konnte man sich sehr viel mehr im Kampf verlassen. Die Division nahm deshalb an den Rückzugsgefechten durch den gesamten Balkan teil. Die albanischen Moslems desertierten dabei in großen Scharen. Am Ende des Krieges waren mehr als 3.500 von ihnen geflohen. Es erschien daraufhin sinnlos, die restlichen Albaner zu halten. Sie wurden demobilisiert. Diese sogenannte "Albanische Freiwillige Gebirgsdivision" wurde damit am Ende vorwiegend durch deutsche Seeleute gebildet.

Die Aufrechterhaltung der Division als eigenständige Einheit lässt sich des Weiteren nicht mehr feststellen und die deutschen Mannschaften wurden im Wesentlichen der Division "Prinz Eugen" überstellt. Trotz der wenig erfolgreichen Kampfhistorie dieser Division und ihrer kurzen Zeit der Existenz wurden ihr eine Vielzahl von Auszeichnungen verliehen, darunter etliche Kragenspiegel, Armabzeichen und Ordensbänder.

23. Waffen-Gebirgsdivision der SS "Kama" (Kroatische Nr. 2)

Befehlshaber
SS-Standartenführer Hellmut Raithel

Größere Verbände
Waffen-Gebirgsjägerregiment der SS 55
Waffen-Gebirgsjägerregiment der SS 56

Diese spezielle Einheit wurde Mitte 1944 ausgehoben. Die Offiziere waren zumeist "Reichsdeutsche" aus Ungarn, obwohl es auch eine kleinere Zahl von moslemischen Offizieren der "Handschar"-Division gab. Die niederen Ränge und die Soldaten bestanden zumeist aus moslemischen Freiwilligen. Die Einheit erreichte nie volle Kampfstärke und hatte nie mehr als 9.000 Mann unter Waffen. Als die Einheit noch im Aufbau war, wurde sie durch die heranziehende Rote Armee zusehends bedroht und den unteren Rängen und Soldaten wurde erlaubt, sich von der Truppe zu entfernen und nach Hause zurückzukehren. Die deutschen Mannschaften und Offiziere wurden der 31. SS-Freiwilligen-Grenadierdivision "Böhmen-Mähren" überstellt. Die Moslems, die darum baten, weiterhin im Dienst bleiben zu können, kamen zur "Handschar"-Division.

24. Waffen-Gebirgsdivision der SS "Karstjäger"

Befehlshaber
SS-Sturmbannführer Berschneider
SS-Sturmbannführer Werner Hahn
SS-Obersturmbannführer Carl Marcks

Größere Verbände
Waffen-Gebirgsjägerregiment der SS 59
Waffen-Gebirgsjägerregiment der SS 60
Gebirgs-Artillerieregiment 24

SS-Brigadeführer Otto Kumm, Befehlshaber der 7. SS-Gebirgsdivision "Prinz Eugen" und Träger des Ritterkreuzes mit Schwertern und Eichenlaub.

Diese Einheit stammt aus dem Sommer 1942, als Himmler anordnete, eine Hochgebirgstruppe aufzustellen, die in höchsten Höhen der Grenzgebirge zwischen Italien und Jugoslawien kämpfen sollte. Schon sehr bald darauf wurde die anfängliche Kompanie auf Bataillonsstärke angehoben. Die Rekruten kamen zumeist aus der Region mit sehr genauen Kenntnissen der örtlichen Bergwelt.

Die "Karstjäger" - "Karst" bezieht sich auf die felsige Gebirgslandschaft - wurden ausgiebig beim Kampf gegen Partisanen eingesetzt - vor allem gegen italienische, kommunistische Partisanen in der Gegend um Triest im Nordosten Italiens.

Im Juli 1944 wurde das Bataillon auf Divisionsstärke angehoben. Sie war in Udine stationiert und

SS-Obergruppenführer Artur Phleps, der frühere General der rumänischen Armee, war der erste Kommandeur der Division "Prinz Eugen", die er bis zu seinem Tod 1943 anführte.

umfasste vorwiegend "Reichsdeutsche" aus Tirol und örtliche italienische Freiwillige. Trotzdem gab es gravierende Probleme, genügend Soldaten zu gewinnen und so wurde gegen Ende des Jahres 1944 entschieden, dass eine Brigade aus der Division geformt werden sollte. Aber auch das sollte sich als schwierig herausstellen.

Gegen Ende des Krieges kämpfte das Waffen-Gebirgsjägerregiment der SS 59 erbittert gegen Einheiten der britischen 8. Armee und wehrte darüber hinaus auch Angriffe italienischer Partisanen ab. Es musste dabei schwere Verluste hinnehmen, kämpfte aber erbittert und erntete so auch in schwierigen Situationen viel Anerkennung.

Die Überreste der Einheit wurden mit Einheiten der Division "Prinz Eugen" zusammengelegt, sowie mit Mannschaften der SS-Junkerschule in Klagenfurt. Sie unterstanden als Kampftruppe dem Kommando von SS-Brigadeführer Heinz Harmel.

Als der Großteil der deutschen Streitkräfte in Italien aufgab, beeilten sich Einheiten in der gleichen Gegend, sich so schnell wie möglich britischen und nicht den italienischen Partisanen zu ergeben. Harmel und seine Kampfgruppe gruben sich jedoch ein und setzten den Kampf fort und deckte so den Rückzug weiterer deutscher Einheiten aus Jugoslawien. Das rettete vielen deutschen Soldaten das Leben, weil sie nicht in die Hand von Titos Rebellen fielen.

Die "Karstjäger" der Waffen-SS waren unter den deutschen Einheiten mit die letzten, die ihre Waffen niederlegten. Sie ergaben sich am Ende den Briten am 9. Mai 1945.

Die größeren Einheiten

In der Organisation der deutschen militärischen Einheiten im Zweiten Weltkrieg operierten die Divisionen gewöhnlich als Teil eines Korps, zumindest aber mit einer zweiten Division zusammen. Das Korps hatte normalerweise seinen eigenen Stab sowie Unterstützungsverbände wie Nachschub-, Nachrichten- und Militärpolizeieinheiten. Während die Struktur eines Korps halbwegs permanent war, konnten die Divisionen, die von einem Korps kontrolliert wurden, durchaus variieren. So dass ein typisches Korps-Hauptquartier zwei Kampfdivisionen befehligte, aber dies waren unter Umständen nicht immer die gleichen Divisionen.

Die folgenden Korps wurden aufgestellt, um die Gebirgsjägereinheiten der deutschen Streitkräfte im Zweiten Weltkrieg zu führen:

V. SS-Gebirgskorps Aufgestellt im Sommer 1943 war es vorwiegend im Kampf gegen Partisanen im Balkan eingesetzt. Danach wurde es nach Deutschland zurückverlegt und wurde beim Kampf um Berlin vernichtet.

IX. SS-Gebirgskorps Aufgestellt zu Beginn des Jahres 1944 in Kroatien. Es operierte in Ungarn und wurde im Kampf um Budapest vernichtet.

XV. Gebirgskorps Aufgestellt im Sommer 1943. Es operierte auf dem Balkan und war verantwortlich für die Verteidigung der dalmatinischen Küste.

Feldwebel Johann Bauer trägt einen anderen Waffenrock als Paradeuniform. Was auffällt an dieser Uniform ist das Fehlen jeglicher Taschen. Die Aufnahme wurde aufgenommen, nachdem es keine Paradeuniformen mehr gab. Bauer scheint diese Uniform abgeändert zu haben, um sie als Ausgehuniform tragen zu können. Auf dem normalen Waffenrock eines Unteroffiziers würde der abgesetzte Rand des Kragenspiegels nur mehr oben und nicht um die Ecke des Kragens verlaufen.

XVIII. Gebirgskorps Es wurde 1938 in Österreich aufgestellt und war im Polenfeldzug und an der Westfront, sowie beim Balkan-Feldzug 1941 eingesetzt. Bei Ende des Krieges stand das Korps weit im Norden der Ostfront.

XIX. Gebirgskorps Aufgestellt im Jahr 1940 hieß dieser Verband ursprünglich "Gebirgskorps Norwegen". Es operierte ausschließlich im nördlichen Sektor der Ostfront; zog sich anschließend nach Norwegen zurück.

XXI. Gebirgskorps Es wurde 1943 auf dem Balkan aufgestellt und operierte in Albanien und Jugoslawien. Am Ende des Krieges stand es im südlichen Sektor der Ostfront.

Links ist ein SS-Obersturmbannführer der SS-Sturmbrigade "Wallonie" zu sehen. Man beachte das Edelweiß-Abzeichen, das eher dem der Wehrmacht, als dem der Waffen-SS entsprach (Josef Charita).

XXII. Gebirgskorps Aufgestellt im Jahr 1943 in Griechenland operierte es auf dem Balkan und in Ungarn. Am Ende des Krieges stand es im südlichen Sektor der Ostfront.

XXXVI. Gebirgskorps: Aufgestellt im Jahr 1939 in Polen. Operierte anschließend in Norwegen

SS-Gebirgsjäger in einem Sturmboot auf einem Fluss irgendwo in Jugoslawien im Jahr 1943/44. Man beachte das aufgemalte Haifischmaul am Bug des Bootes (Josef Charita).

und weit nördlich an der Ostfront. Zog sich am Ende des Krieges nach Norwegen zurück.

XLIX. Gebirgskorps: Aufgestellt im Jahr 1940 in der Tschechoslowakei, operierte vor allem auf dem Balkan und dem südlichen Sektor der Ostfront, vorwiegend auf der Krim und im Kaukasus, bevor es sich in die Tschechoslowakei zurückzog, wo es sich den Russen am Ende des Krieges ergab.

LI. Gebirgskorps: Ursprünglich als ein Infanteriekorps im Jahr 1940 aufgestellt, wandelte es sich zu einem Gebirgskorps und operierte an der gesamten Ostfront. Es wurde beim Kampf um Stalingrad vernichtet.

Eine Anzahl von Korps-Kommandos wurde gewöhnlich auf Armeeebene befehligt. Es gab allerdings nur eine ausgesprochene Gebirgsarmee, die 20. Gebirgsarmee, die während des Winters 1941/42

Unteroffizier Georg Audenrieth diente in der 3. Kompanie des Gebirgsregiments 99 als Teil der 1. Gebirgsdivision. Ihm wurde das Ritter Kreuz zum Eisernen Kreuz am 10. Februar 1945 wegen seiner Verdienste vor dem Feind verliehen (Audenrieth).

Ein nicht identifizierter SS-Oberscharführer der Panzerabwehrtruppe der SS-Gebirgsjäger. Man beachte das metallene Edelweiß-Abzeichen auf der linken Seite der Bergmütze. (Paul Turner)

aufgestellt wurde, um das Gebirgskorps zu kontrollieren, das weit im Norden der Ostfront operierte. Gegen Ende des Jahres 1944 zog es sich nach Norwegen zurück, wo es in der 21. Armee aufging, die wiederum alle deutschen Truppen in Norwegen kontrollierte, bevor sie sich den Briten im Jahr 1945 ergaben.

7. SS-Frw.-Geb.-Div. "Prinz Eugen"
1: SS-Rottenführer
2: SS-Hauptsturmführer
3: SS-Untersturmführer
4: SS-Edelweiß-Ärmelabzeichen

Ethnische Waffen-SS
1: SS-Sturmbannführer, "Handschar" Division
2: SS-Scharführer, "Handschar" Division
3: SS-Hauptsturmführer, SS "Skanderbeg"
4: SS-Mützenabzeichen

4

2

1

3

J

Gegen Ende des Krieges, 1944-45
1: Unteroffizier, Gebirgsjäger
2: Kanonier
3: Hauptwachtmeister, Hochgebirgsgendarmerie
4: Edelweiß Armabzeichen

4

3

2

1

K

Deutschland, 1944-45
1: SS-Untersturmführer, "Nord" Division
2: SS-Unterscharführer, "Nord", Division
3: W-Rottenführer, "Kama" Division
4: SS-Abzeichen Edelweiß

4

1 3 2

Obwohl es gegen jede Dienstvorschrift verstieß, trugen auch vereinzelte Mannschaften der Luftwaffe in Gebirgsregionen, wie hier die Besatzung eines 88mm Flugabwehrgeschützes, die Edelweiß-Abzeichen auf ihren Mützen (Josef Charita).

Die größeren Operationen

Polen

Die 1., 2. und 3. Gebirgsdivision waren beim Einmarsch in Polen mit dabei. Ihr vorrangiges Ziel war die Einnahme von Lemberg in Galizien, die dortige Provinzhauptstadt und ein wichtiger Knotenpunkt sowohl für den Schienen- als auch für den Straßenverkehr. Die 1. Gebirgsdivision sollte nördlich der Tschechoslowakei angreifen. Die 2. Gebirgsdivision sollte östlich durch die Tschechoslowakei vorrücken, bis sie den Dukla-Pass erreichte, um sich dann nach Norden in Richtung Polen zu wenden. Die Einheiten der 3. Gebirgsdivision sollten die Lücke zwischen den beiden Divisionen füllen.

Die Gebirgsjäger mussten demnach mehr als 200 Kilometer zurücklegen, um ihre Ziele zu erreichen. Sie erreichten dies durch einen beschleunigten Vormarsch, obwohl ihnen dazu noch nicht einmal Eisenbahn- oder Straßenverbindungen zur Verfügung standen. Ein guter Teil des Vormarsches führte durch Gebirge und hügeliges Terrain, das nur zu Fuß zu bewältigen war.

Die Gebirgsjäger stießen schnell vor und die 1. und 2. Division konnten ihren Zangenangriff sehr schnell vollenden und marschierten nach Polen ein. Kurz danach wurde die 3. Division von der Front abgezogen und nach Westen zurückverlegt.

Bis zum 11. September hatten die kombinierten Streitkräfte der 1. und 2. Division mehr als 200 Kilometer zurückgelegt, Drei Tage später standen sie auf den Hügeln rings um Lemberg. Eine Kampfgruppe der 1. Gebirgsdivision führte einen Angriff auf die Stadt aus, während die übrigen Gebirgsjäger einen Verteidigungsring um die Stadt legten, um polnische Verstärkung von außen abzuhalten, die in großer Zahl herbeigeeilt waren, um Lemberg zu befreien.

Nach einem Kampf, der allein sechs Tage dauerte, ergaben sich die Polen. Die Gebirgsjäger wa-

Das Narvik-Abzeichen. Dies ist ein Beispiel der Silberversion des Abzeichens auf grauem Stoffuntergrund, wie es normalerweise verliehen wurde. Man beachte, dass auch hier das Edelweiß-Motiv zu erkennen ist, das auf die Teilnahme der Gebirgsjäger an der Einnahme Narviks verweist. *(s. auch S.80)*

ren jedoch mehr als enttäuscht, als sich herausstellte, dass sie die Stadt den Russen zu übergeben hatten, die zu diesem Zeitpunkt bereits von Osten in Polen einmarschiert waren.

Es war der erste große Einsatz der Gebirgsjäger in diesem Krieg gewesen und sie hatten sich außergewöhnlich gut bewährt. Sie hatten beträchtliche Entfernungen in kürzester Zeit überwunden, um dann erfolgreich ihr Ziel einzunehmen. Sie hat sich außerdem in einem harten Kampfgeschehen bewährt und hatten sich den Respekt der polnischen Garnison in Lemberg erworben.

Norwegen

Im ersten Halbjahr 1940 waren die 2. und 3. Gebirgsjägerdivision an der Westfront eingesetzt, um gegen Frankreich vorzugehen. Dann wurde im März die 3. Gebirgsjägerdivision nach Deutschland zurückverlegt, um an Hitlers nächstem Schachzug, dem Blitzkrieg gegen Dänemark und Norwegen teilzunehmen. Das Ziel der Gebirgsjäger war dabei der Hafen von Narvik im Norden von Norwegen. Die Gebirgsjäger des Regiments 139 wurden auf See durch Zerstörer der Kriegsmarine nach Narvik transportiert. Die Anlandung stieß dabei auf keinerlei Widerstand und die Stadt wurde eingenommen, ohne einen Schuss abzufeuern. Der Divisionskommandeur, Generalleutnant Dietl, akzeptierte die Aufgabe der örtlichen Garnison am gleichen Tag. Der Erfolg sollte sich jedoch nur als sehr kurzfristig herausstellen. Am folgenden Tag kamen britische Kriegsschiffe heran und die ersten Seegefechte fanden statt. Als Ergebnis wurde die deutsche Zerstörerflotte versenkt, zusätzlich legte die britische Flotte eine Blockade um den Hafen. Die Deutschen waren dadurch mehrere hundert Kilometer von ihren eigenen Truppen abgeschnitten.

Von den versenkten oder sinkenden Zerstörer wurden schnellstens die Geschütze entfernt, sowie Nahrungsmittel und sonstige Ausrüstungsgegen-

Das Lappland-Abzeichen. Man beachte die handwerklich unsaubere Fertigstellung. Es wurde auf die Uniform aufgenäht und nicht angesteckt *(s. auch S.80).*

Die reguläre Waffen-SS-Version des Edelweiß-Abzeichens für den Oberarm (links) und die Bergmütze/M43 (rechts). Beide sind maschinengewebt und haben einen schwarzen Stoffuntergrund. Das Motiv ist mit einem silbrigen Faden gewoben.

stände. Die übrig gebliebenen Mannschaften der Schiffe wurden als Soldaten eingesetzt. So standen Dietl auf einmal mehr als 2.000 Matrosen zur Verfügung.

Der Luftwaffe gelang es, einige Transportflugzeuge auf einem nahegelegenen zugefrorenen See zu landen und Dietl verfügte durch sie über einige kleinere 75mm Geschütze. Ein Verteidigungsring rings um die Stadt wurde aufgestellt und die Mannschaften wurden in kleinen Gruppen stationiert, so u.a. in Fuchshöhlen, die aus dem Eis herausgesprengt wurden. Es gab aber nicht genug Soldaten, um den gesamten Hafen abzudecken, deshalb ging Dietl auch ein kalkuliertes Risiko ein, in dem er die südöstliche Zufahrt zur Stadt nicht deckte, weil er vollkommen zu Recht annahm, dass aus diesem unwegsamen Gelände kein Angriff der Briten zu erwarten sei. Und in der Tat: Die Briten griffen nicht aus dem Südosten an, aber die Norweger taten es.

Ein sehr schönes Beispiel für ein handgewobenes, mit Silberdraht angefertigtes Edelweiß-Abzeichen für den Oberarm der Uniformjacke.

Die Odal Runen (hier die Version für einen Offizier aus handgewebtem Aluminiumdraht) für die Division "Prinz Eugen", zusammen mit der Standardausführung der SS-Runen für den Kragenspiegel (links).

Der Schriftzug "Prinz Eugen" aus einem silberfarbenen Aluminiumdraht gewoben für den Ärmelaufschlag

Der Schriftzug "Kreta" für den Uniformärmel. Er wurde an alle Gebirgsjäger, die von Julius Ringel kommandiert wurden, verliehen, die am Kampf um Kreta teilgenommen hatten. (s. auch S.80)

Und das bereitete Dietl für einige Zeit erhebliche Kopfschmerzen. Die Norweger versuchten, die Schienen zu sprengen und die Straßen, um die Deutschen abzuschneiden. Aber der Versuch wurde sehr schnell durch die Gebirgsjäger vereitelt.

Am 14. April vereinigten sich die regulären norwegischen Streitkräfte mit Teilen der britischen Expeditionsstreitkräfte und griffen aus dem Norden an. Die schwachen deutschen Streitkräfte kamen unter erheblichen Druck, da die britische Navy auch noch die Zerstörer in den Narvik-Fjord einfahren ließ, um die deutschen Stellungen zu beschießen. Hitler ging dabei sogar so weit, dass Dietl es erlaubte, seine Truppen in das neutrale Schweden zurückzuziehen, um nicht eine Niederlage hinnehmen zu müssen. Aber Dietl weigerte sich, das zu tun.

Der Kampf ging weiter. Die alliierten Truppen wurden dabei durch polnische und französische Streitkräfte verstärkt. Doch die Gebirgsjäger wehrten jeden Angriff ab, zumal die alliierten Angriffe auch wenig koordiniert waren. Aber die Verlustrate schwächte die Deutschen doch nachhaltig.

Am 27. Mai wurden unter der Deckung von Marinegeschützen weitere französische Einheiten angelandet und bei einem erbitterten Kampf - Mann gegen Mann - fiel die Stadt am Ende an Soldaten der französischen Fremdenlegion.

Eine kleine Verstärkung durch einige Kompanien Fallschirmjäger und Jägerkompanien wurden per Fallschirm abgesetzt. Obwohl die Verstärkung natürlich mehr als willkommen geheißen wurde, sah es doch sehr danach aus, dass die Deutschen am Ende vollständig vernichtet werden würden. Sie erwarteten deshalb den letzten, großen Angriff der Alliierten.

Anfang Mai wurden die Überreste der Division angewiesen, so schnell wie möglich Richtung Narvik vorzustoßen. Sie wurden deshalb von Däne-

Der Schriftzug „Reinhard Heydrich" wurde für den Ärmelaufschlag in Art des „BeVo" für das SS-Gebirgsjäger-Regiment 11 produziert, maschinengewoben mit einem hellgrauen künstlichen Seidenfaden auf schwarz-wollenem Band.

mark nach Trondheim in Norwegen verlegt - durch Transportflugzeuge. Danach ging es weiter nach Narvik mit Hilfe von etlichen kleineren Handelsschiffen mit einer kleinen Eskorte durch Schiffe der Kriegsmarine. Unglücklicherweise kam die kleine Flottille unter Beschuss durch britische U-Boote, die zwei der Transportschiffe versenkte. Die übrigen Soldaten mussten schnellstens an Land gesetzt werden und begannen ein Rennen gegen die Zeit, um die 1.000 Kilometer von Trondheim nach Narvik zurückzulegen und gegen die Nachhut der Alliierten kurz vor Narvik und gegen Angriffe von norwegischen Skitruppen zu kämpfen.

Trotz aller Schwierigkeiten, der sie sich gegenüber sahen, überwanden die Spitzen der deutschen Truppen die Distanz bereits in sieben Tagen. Dabei rann die Zeit für die Truppen Dietls im eingeschlossenen Narvik zusehends aus. Trotzdem beschloss man, einen letzten, verzweifelten Vorstoß in Richtung des Hafens zu wagen, indem man eine Kompanie von jedem Bataillon, die nur mehr leichte Infanteriewaffen mit sich führte und alle anderen Ausrüstungsgegenstände zurückließ, über die letzten 180 Kilometer im Gewaltmarsch vorrücken ließ.

Am 8. Juni hatte Dietl Patrouillen in Richtung der Stadt Narvik ausgesandt. Sie berichteten, dass die Alliierten ihre Truppen evakuierten. Daraufhin ergab sich Norwegen am 9. Juni offiziell.

Eine kleine Gruppe der Ersatzstreitkräfte setzte ihren Vormarsch fort und kam am 13. Juni mit Dietls Streitkräften in Kontakt. Dietl und seine Gebirgsjäger wurden als Helden gefeiert und Dietl wurde deutschlandweit als der "Held von Narvik" bekannt. Er wurde mit dem Ritterkreuz zum Eisernen Kreuz in Anerkennung der Verdienste seiner Männer ausgezeichnet.

Frankreich 1940

Nur zwei der deutschen Gebirgsjägereinheiten, die 1. und 6. Gebirgsdivision, nahmen am Einmarsch in Frankreich teil. Die 1. Gebirgsdivision wurde gleich zu Beginn eingesetzt, um zur Maas und über den Fluss hinweg vorzustoßen. Sie trafen dabei auf keinerlei Widerstand. Die einzigen Opfer der Division waren einige Ertrunkene beim Übergang über die Maas. Erst nach gut einer Woche stießen die Kräfte auf härteren Widerstand und kamen unter heftigen Artilleriebeschuss. Für gut eine Woche waren sie in der Defensive. Am 5. Juni, nach einem heftigen deutschen Artilleriebeschuss auf die französischen Stellungen, rückte die 1. Gebirgsdivision

Die Infanterie und damit auch die Gebirgsjäger erhielten das Infanteriesturmabzeichen, wenn sie drei Mal erfolgreich im Kampf gegen den Feind gestanden hatten. Das Abzeichen ist aus weißem Metall oder Zink, mit einer schräg hinten angebrachten Anstecknadel.

Oftmals wurde auch die Nahkampfspange an Gebirgsjäger verliehen, hier in der Bronze- (unten), Silber- (Mitte) und Goldversion (oben) für 15, 30 und 50tägige Kampfeinsätze gegen den Feind.

vor und griff die Franzosen an. Der Widerstand war heftig und die Franzosen starteten sofort mit Gegenangriffen. Die deutschen Gebirgsjäger waren jedoch diszipliniert und entschlossen genug, um die Franzosen, französische Kolonialtruppen aus Marokko, jedes Mal wieder zurückzuwerfen. Am Ende mussten sich die Franzosen zurückziehen und die Gebirgsjäger stellten ihnen nach. Am 7. Juni überschritten die Deutschen den Fluss Aisne und der Widerstand der Franzosen brach vollends zusammen.

Daraufhin wurde beschlossen, die Division zurückzuverlegen und sie nach Süden, nach Lyon, zu entsenden, um dort die rückwärtigen Streitkräfte der Franzosen im Kampf gegen die Italiener zu bekämpfen. Aber der Waffenstillstand, den die Franzosen abschlossen, kam schneller, als die Division ihr neues Zielgebiet erreichen konnte. Statt in neue Kämpfe verwickelt zu werden, übernahm die Einheit nun Aufgaben als Besatzungsstreitkräfte an der Grenze zur Schweiz.

Die 1. Gebirgsdivision wurde übrigens auch ausgewählt, um in der "Operation Seelöwe" an einem Einmarsch nach Großbritannien teilzunehmen. Nachdem dieser Plan aufgegeben wurde, diente sie als Reserve für die Einnahme von Gibraltar.

Die 6. Gebirgsdivision, die gerade erst aufgestellt war, konnte nur mehr in der letzten Phase des Kampfes um Frankreich teilnehmen. Ihre Tätigkeit beruhte aber im Wesentlichen auf Besatzungsdienste in Frankreich nach dem Waffenstillstand.

Der Balkan 1941

Nach Mussolinis plötzlichem Entschluss im Jahr 1940 in Griechenland einzufallen und den folgenden Rückschlägen, die seine Truppen dort erlebten, ganz besonders, nachdem britische Ersatzstreitkräfte in Griechenland angekommen waren, wurde Hitler mehr als unwillig in die Geschehnisse auf

Auf der Soldatengruppe, die an der Ostfront fotografiert wurde, scheint der Oberfeldwebel in der Mitte ein Anti-Partisanenabzeichen in Silber auf der linken Brusttasche zu tragen. Die Gebirgsjäger fanden sich oftmals im Einsatz gegen Partisaneneinheiten wieder, ganz besonders auf dem Balkan. (Ian Jewison)

dem Balkan hineingezogen. Unter den Einheiten, die im April 1941 die Angriffe auf dem Balkan ausführen sollten, waren vier Gebirgsjägereinheiten: Die 1. Gebirgsdivision nahm am Angriff auf Jugoslawien teil und startete ihre Operationen aus ihrem Stationierungsgebiet in Kärnten in Österreich. Die 4. Gebirgsdivision griff ebenfalls Jugoslawien an von Bulgarien aus. Und die 5. und 6. Gebirgsdivision nahm an der Griechenlandoperation als Teil des XVIII. Gebirgskorps teil. Ihre Aufgabe war es, die Metaxas-Verteidigungslinie zu überwinden.

Die griechischen Verteidigungsanlagen stellten ein schweres Problem für die deutschen Truppen dar. Sie waren gut ausgebaut, mit einer starken Besatzung und entschlossen kämpfenden Truppen. Die Gebirgsjäger starteten ihren Angriff am 6. April. Trotz heftigen Artilleriebeschusses und der Unterstützung durch Sturzkampfbomber konnten längst nicht alle griechischen Befestigungen eingenommen werden. Die Deutschen waren so gezwungen, jede Stellung einzeln zu erobern. Das wurde zu einem langwierigen und verlustreichen Unternehmen für die nur leicht bewaffneten deutschen Gebirgsjäger. Selbst dann, wenn die Deutschen die Stellungen der Griechen eingenommen hatten, unternahmen die Griechen entschlossene Gegenangriffe und so brauchte die 5. Gebirgsdivision ganze vier Tage, um die Stellungen der Griechen einzunehmen.

Die 6. Gebirgsdivision hatte mehr Glück und kämpfte sich den Weg durch die griechischen Verteidigungsstellungen in einem Tag frei. Die Streitkräfte vereinigten sich daraufhin und setzten ihren Vormarsch nach Süden in Richtung Korinth fort und kämpften dort gegen Einheiten der britischen Expeditionsstreitkräfte. Am 26. April fiel Athen und die verbliebenen britischen Truppen zogen sich in Richtung auf die Seehäfen am Peloponnes zurück und wurden evakuiert.

In Jugoslawien kämpften die 1. und 4. Gebirgsdivision gegen einen erbitterten Widerstand der jugoslawischen Verteidiger bei fürchterlichen klimatischen Bedingungen. Aber die Übermacht der Deutschen führte am Ende doch sehr schnell zur Niederlage der Jugoslawen. Die vollkommene Unterwerfung Jugoslawiens dauerte nicht länger als zwölf Tage und die beiden - die 1. und 4. Gebirgsdivision - spielten dabei eine bedeutende Rolle und wurden von Hitler für ihren Einsatz ausgezeichnet.

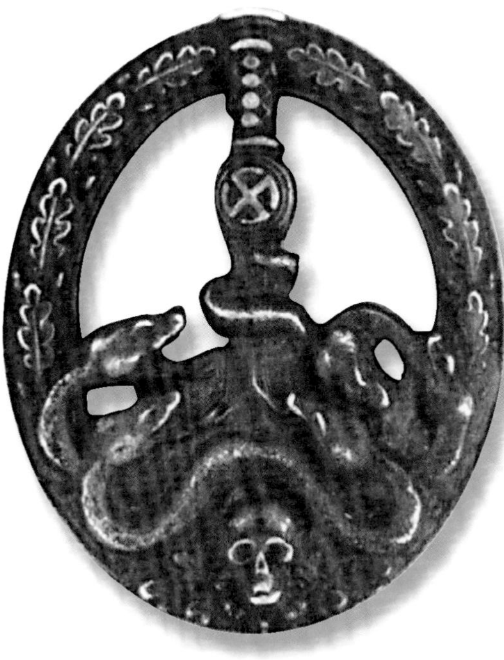

Das Anti-Partisanenabzeichen aus Bronze wurde verliehen, wenn man 20 Tage im Kampf gegen Partisanen gestanden hatte. (s. auch S.80)

Der letzte größere Einsatz auf dem Balkan im Jahr 1941 bei dem die Gebirgsjäger mit dabei waren, war die Einnahme von Kreta. General Ringels 5. Gebirgsdivision wurde nach Kreta gebracht, nachdem die Fallschirmjäger dort gelandet waren. Sie nutzten dabei eine wild zusammen gewürfelte Flotte aus Fischerbooten. Unglücklicherweise wurden sie durch britische Kriegsschiffe abgefangen, die schweren Schaden in der kleinen Flottille mit ihren Holzbooten anrichteten. Die Verluste waren beträchtlich.

Daraufhin wurde ein zweiter Versuch gemacht, die Gebirgsjäger auf der Insel zu landen. Diesmal mit Hilfe von Flugzeugen. Die Gebirgsjäger wurden in Maleme am 22. Mai durch JU-52 Transportflugzeuge eingeflogen. Die Flugzeuge mussten dabei unter gegnerischem Beschuss auf einem Flughafen landen, dessen Landebahn mit zerstörten Flugzeugwracks übersät war. Als die Region um Maleme durch Fallschirmjäger und Gebirgsjäger gesichert wurde, wurde eine Gebirgsjäger-Kampfgruppe entsandt, um die neuseeländischen Truppen rund um den Flughafen aus den Bergen zu vertreiben. Nach heftigen Gefechten, die bis zum Kampf Mann gegen Mann reichten, gewannen die Gebirgsjäger die Oberhand und bis zum 23. Mai waren die Anhöhen rund um den Flughafen in der Hand der Deutschen. Dadurch, dass die Landebahn nun nicht mehr beschossen werden konnte, brachten die Deutschen jede Menge Nachschub heran mitsamt schwerer Artillerie und sonstiger schwerer Ausrüstung. Der folgende Tag verging damit, die britischen und Commonwealth-Truppen zu verfolgen, die bereit waren, jeden Meter Boden auf das heftigste zu verteidigen. Die Neuseeländer stellten sich dabei als besonders erbitterte Kämpfer heraus und ihr Kampf kostete die Deutschen besonders viele Opfer. Doch der Ausgang des Kampfes stand zweifelsohne fest und am 31. Mai waren diejenigen Truppen, die nicht rechtzeitig evakuiert werden konnten, von den Deutschen eingeschlossen.

Die Ostfront

Als die Operation Barbarossa im Juni 1941 gestartet wurde, sollten die Gebirgsjäger sowohl an der Südfront als auch hoch oben im Norden eine herausragende Rolle spielen. Hitler ordnete an, dass das "Gebirgskorps Norwegen" und das XXXVI. Korps, zusammen mit drei weiteren Korps der finnischen Armee, einen Vorstoß zu dem lebenswichtigen Hafen Murmansk unternehmen sollten. Dabei sollte das "Gebirgskorps Norwegen" den Hafen selbst angreifen, während die anderen Verbände die Zugverbindungen zwischen Murmansk und dem russischen Hinterland unterbrechen sollten.

Das Terrain in diesem Gebiet war schlimm. Es bestand aus einer felsigen Landschaft und Morast im Norden und einer dichten Waldgegend im Süden. Beide Regionen waren mit Moskitos verseucht. Die Finnen konnten kaum glauben, dass die Deutschen einen Angriff in einem solchen Gelände unternehmen wollten. Aber Hitler bestand darauf.

Das "Gebirgskorps Norwegen", das aus der 2. und 3. Gebirgsdivision bestand, machte dabei auch zuerst gute Fortschritte, trotz der widrigen Umstände und erreichte den Fluss Liza Anfang Juli. Zu diesem Zeitpunkt wurden die russischen Truppen allerdings in großem Umfang verstärkt und die Deutschen stießen so auf erbitterten Widerstand. Der Vormarsch kam deshalb innerhalb kürzester Zeit ins Stocken und damit auch die gesamte Offensive im Norden.

Die Russen gingen dabei sehr schnell zu einem erbitterten Gegenangriff über. Er konnte jedoch durch die Gebirgsjäger abgewehrt werden. Doch der deutsche Vormarsch verlor an Kraft. Mit dem heranrückenden Winter wurde die 3. Gebirgsdivision zurückgezogen und durch die 6. Gebirgsdivision ersetzt.

Weiter im Süden kämpfte die "Kampfgruppe Nord" als Teil des XXXVI. Korps bei mehreren größeren Gefechten mit. Dabei waren die SS-Truppen immer noch relativ unerfahren. Besonders fehlten ihnen gut ausgebildete Unteroffiziere. Als die SS-Truppen gegen die schwer befestigten russischen Stellungen vorrückten gab es schwerste Verluste. Dagegen war der Vormarsch der Deutschen überall dort, wo erfahrene Unteroffiziere die Mannschaften anführten, relativ gut. Aber sobald die Offiziere fielen, verlor auch dieser Teil des Vormarsches sofort an Kraft und die Russen, die die deutschen Unsicherheiten sehr wohl bemerkten, gingen sofort zum Gegenangriff über und drängten so die Deutschen zurück. In einigen Fällen überrannten sie sogar die stark demoralisierten deutschen Soldaten, die dann flohen. Am Ende konnten

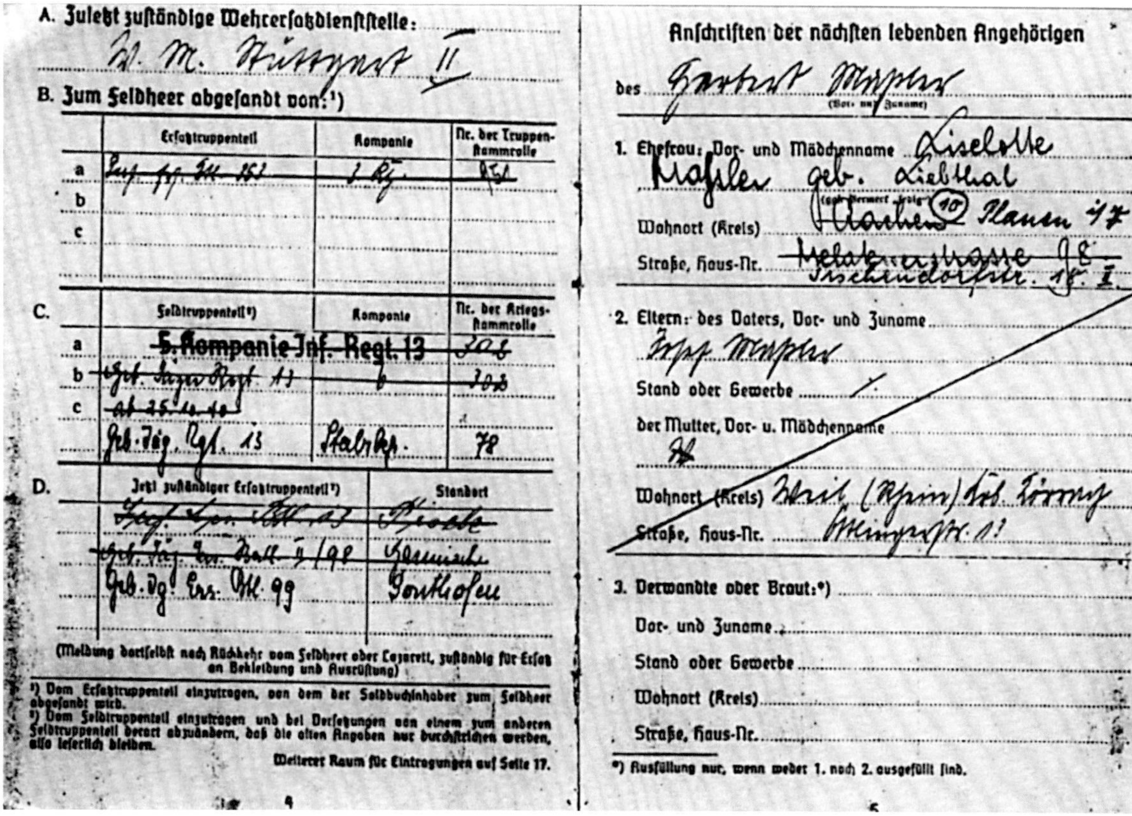

A. Zuletzt zuständige Wehrersatzdienststelle:

B. Zum Feldheer abgesandt von:¹)

	Ersatztruppenteil	Kompanie	Nr. der Truppen-Stammrolle
a			
b			
c			

C.

	Feldtruppenteil²)	Kompanie	Nr. der Kriegs-Stammrolle
a	~~5. Kompanie Inf. Regt. 13~~		~~308~~
b			308
c			
	Geb. Jäg. Rgt. 13		78

D.

Jetzt zuständiger Ersatztruppenteil²)	Standort
	Sonthofen

(Meldung dortselbst nach Rückkehr vom Feldheer oder Lazarett, zuständig für Ersatz an Bekleidung und Ausrüstung)

¹) Vom Ersatztruppenteil einzutragen, von dem der Soldbuchinhaber zum Feldheer abgesandt wird.
²) Vom Feldtruppenteil einzutragen und bei Versetzungen von einem zum anderen Feldtruppenteil derart abzuändern, daß die alten Angaben nur durchstrichen werden, also leserlich bleiben.

Weiterer Raum für Eintragungen auf Seite 17.

4

Anschriften der nächsten lebenden Angehörigen

des ... (Vor- und Zuname)

1. Ehefrau: Vor- und Mädchenname Liselotte ... geb. ...
Wohnort (Kreis) ... Plauen
Straße, Haus-Nr. ...

2. Eltern: des Vaters, Vor- und Zuname ...
Stand oder Gewerbe ...
der Mutter, Vor- u. Mädchenname ...
Wohnort (Kreis) ...
Straße, Haus-Nr. ...

3. Verwandte oder Braut:*)
Vor- und Zuname ...
Stand oder Gewerbe ...
Wohnort (Kreis) ...
Straße, Haus-Nr. ...

*) Ausfüllung nur, wenn weder 1. noch 2. ausgefüllt sind.

Die Seite eines Soldbuches eines Unteroffiziers der Gebirgsjäger. Der Eigentümer diente im Gebirgsjägerregiment 13 als Teil der 4. Gebirgsdivision.

die Deutschen die vereinbarten Ziele zwar nehmen, aber vor allem durch die deutschen und finnischen Truppenkontingente an den Flanken der SS-Kampfgruppe.

Mit dem einsetzenden Winter starteten die Russen jedoch eine größere Gegenoffensive. Obwohl die Deutschen schreckliche Verluste hinnehmen mussten, hielten die Linien stand. So entwickelte sich im Winter 1941/42 ein erbitterter Stellungskrieg. Es kam jedoch nur zu kleineren Feuergefechten, weil beide Seiten dabei waren, die jeweils eigene Stärke wieder aufzubauen für die absehbaren Kämpfe im Frühjahr.

Im Frühjahr 1942 kam die 7. Gebirgsdivision im nördlichen Sektor der Front an, als die Russen ihre Offensive starteten - eine Kombination massierter Landstreitkräfte und ein Angriff von See aus, hinter den Linien der Deutschen, um so die Deutschen abzuschneiden. Erst nach erbitterten Gefechten konnten die Russen gestoppt werden. Eine zweite Angriffswelle hatte beinahe Erfolg als sich das Wetter dramatisch verschlechterte, so dass keine weiteren militärischen Handlungen mehr erfolgen konnten. Als sich das Wetter wieder beruhigt hatte, hatten die Deutschen die Zeit genutzt, um sich umzugruppieren und ihre Verteidigung besser zu organisieren. Eine erneute Offensive der Russen schlug deshalb fehl. Der Rest des Jahres 1943 wurde deshalb in diesem Sektor ohne größere Kriegshandlungen verbracht, weil beide Seiten sich auf andere Kampfgebiete konzentrierten.

Der Sommer 1944 begann mit erneuten Offensiven seitens der Russen gegen den südlichen und mittleren Sektor im nördlichen Frontabschnitt der Ostfront, aber die eigentliche Niederlage erfolgte am Ende nicht durch militärische, sondern durch politische Taten. Im September 1944 schlossen die Finnen einen separaten Friedensvertrag mit den Russen. Die Deutschen sahen sich der Gefahr gegenüber, dass ihre früheren Verbündeten ihnen in den Rücken fallen und von hinten angreifen könnten. Deshalb wurde beschlossen, alle deutschen Truppen aus diesem Sektor durch Lappland nach Norwegen zurück zu verlegen.

Eine Gruppe von Offizieren und höheren Dienstgrade der Division "Prinz Eugen". Man beachte die Odal Runen, die der Offizier auf der linken Seite trägt

Die Finnen führten dabei etliche Angriffe auf die sich zurückziehenden Deutschen aus, als diese sich in Richtung der norwegischen Grenze zurückzogen, aber sie waren nicht ausreichend stark genug, um den Deutschen ernsthaft gefährlich werden zu können. Alle deutschen Aktivitäten im Norden der Ostfront waren danach zu einem Stillstand gekommen.

Im südlichen Sektor der Front hatten im Juni 1941 die 1. und 4. Gebirgsdivision am schnellen Vormarsch nach Russland hinein teilgenommen. Ihr Vorstoß richtete sich gegen die Verteidigungsstellungen der "Stalin-Linie". Die Angriffe auf die russischen Stellungen begannen am 15. Juli. Nach einem massiven Artilleriebeschuss stürmten die Gebirgsjäger die feindlichen Bunker. Die erste Linie der Befestigungsstellungen wurde dabei schnell überrannt. Aber die Schnelligkeit, mit der die Deutschen vorrückten, führte dazu, dass es Lücken im deutschen Vormarsch gab und diese nutzten die Russen sofort aus, die sofort zu Gegenangriffen ausholten. Es kam an vielen Stellen zu heftigen Gefechten. Am 16. Juli hatten die Deutschen die "Stalin-Linie" auf einer Länge von rund 15 Kilometern durchbrochen. Die Russen wehrten sich durch etliche Selbstmordangriffe und verloren durch diese Verzweiflungstaten eine große Anzahl an Männern bei dem Versuch, die anstürmenden Deutschen aufzuhalten, während sich der Großteil der Roten Armee dorthin zurückzog, wo man glaubte sicher zu sein - östlich des Flusses Bug. Und in der Tat schaffte es ein Großteil der russischen Armee auch dorthin in Sicherheit.

Mitte Juli überquerte das XLIX. Gebirgskorps jedoch den Bug bei der Verfolgung der sich zurückziehenden Russen. Danach wandten sie sich in Richtung Umam. Im Norden der Gebirgsjäger bahnte sich die 1. Armee ihren Weg in Richtung Kiew, bevor auch sie sich Richtung Süden nach Umam wandte. Im Süden umfassten die 17. Armee und die 1. Armee in einer riesigen Zangenbewegung, die sich bei Umam schließen sollte, russische Einheiten, die sich vor dem Vormarsch des XLIX. Gebirgskorps zurückzogen. Das war keine simple Umzingelung eines sich zurückziehenden Feindes: Die russischen Streitkräfte rund um Umam waren zahlreich und machten energische Angriffe auszubrechen, aber die deutschen Linien hielten stand und nur einem kleinen Teil der Roten Armee gelang die Flucht. Dies war eine der großen Umfassungsschlachten im Krieg im Osten, bei der rund 100.000 Gefangene der Roten Armee gemacht wurden. Allein 20.000 von ihnen wurden durch die Gebirgsjäger des XLIX. Korps gefangen genommen.

Das Korps stürmte weiter vor in Richtung Stalino, das im November eingenommen wurde. Danach rückten sie auf Stellungen am Fluss Mius vor, wo sie sich angesichts des näher rückenden Winters eingruben. Im Juli 1942 nahmen die Gebirgsjäger an einem weiteren Vorstoß nach Süden in Richtung des Kaukasus teil. Die deutschen Truppen waren in diesem Gebiet zu dünn und weit auseinander verteilt und obwohl es den Gebirgsjägern gelang, den höchsten Berg der Region, den Elbrus zu besetzen und dort die deutsche Fahne aufzuziehen, verhinderte es die starke russische Verteidigung, dass die Deutschen noch weiter vorrücken konnten. Ein heftiger russischer Gegenangriff machte sogar den Rückzug der Deutschen notwendig. Gegen Ende des Jahres mussten sich die 1. und 4. Gebirgsdivision in das morastige Terrain rings um die Region Kuban zurückziehen, eine Falle, aus der sie sich kaum befreien konnten, als die russische Offensive im Süden nach dem Debakel bei Stalingrad dort gestartet wurde.

In der Zwischenzeit war die 5. Gebirgsdivision an der Leningrad-Front nach dem Sieg in Kreta angekommen und nahm die Kämpfe im April 1942

Eine faszinierende und einzigartige Geschenkdose für das Ritter Kreuz zum Eisernen Kreuz in Form eines Bergstiefels. Sie wurde dem General der Gebirgstruppe Böhme durch die 7. Gebirgsdivision überreicht. Die Dose ist aus Bronze. (P. Pleetinik via F.J. Stephens)

Ein weiterer Blick auf die Geschenkdose, die General Böhme verliehen wurde mit dem geöffneten Deckel und Blick auf das Kreuz (P. Pleetinik via F.J. Stephens).

auf und nahm die schlammige gegen rund um den Fluss Volkhov ein. Ihr hauptsächliches Ziel war, ein Entkommen russischer Einheiten aus der Gegend um Volkhov herum zu verhindern.

Teile von Überresten der Roten Armee war nämlich die Flucht in dieses unwegsame Gelände gelungen und es war Aufgabe der Gebirgsjäger, sie im Sommer 1942 dort zu verfolgen. Als der Winter immer näher rückte nahmen die Kämpfe noch einmal an Heftigkeit zu. Eine Offensive im Frühjahr des nächsten Jahres durch die Russen aber ließ die Division schwer leiden, weil sie erhebliche Verluste durch eine riesige Übermacht der Russen hinnehmen musste. Am Ende des Jahres wurde die 5. Gebirgsdivision in den südlichen Teil der Ostfront verlegt.

Als sich die größte Panzerschlacht aller Zeiten in der Region um Kursk herum im mittleren Teil der Ostfront im Sommer 1943 entwickelte, starteten die Russen eine massive Gegenoffensive auf einer Länge von rund 600 Kilometern im südlichen Teil der Ostfront. Über 2,5 Millionen russische Truppen warfen sich gegen die deutschen Linien, die nur halb so stark waren. Am südlichen Ende der Front stießen die Russen dabei vom Golf von Taganrog Mitte August vor und waren Ende September bereits in der Nähe von Meliopol und näherten sich der Krim. Ende des Jahres waren die Deutschen auf der Krim eingeschlossen und Kiew wurde wieder eingenommen.

Eine neue Offensive startete im September. Über vier Millionen Soldaten standen den Deutschen gegenüber und drückten sie weiter nach Westen. Mitte Mai 1944 waren auf der Krim keine deutschen Truppen mehr anzutreffen und die Rote Armee rückte gegen die Karpaten vor. Rumänien wurde schnell überrannt und die Gebirgsjäger wurden bis Ende des Jahres nach Ungarn zurückgedrängt.

Hitler war nunmehr so verzweifelt, dass er vermeiden wollte, dass die Russen die ungarischen Ölfelder bei Nagykanitza überrennen würden. So wurde ein deutscher Gegenangriff geplant. Zu diesem Zeitpunkt war die 1. Gebirgsdivision Teil der 2. Panzerarmee, die den südlichen Teil eines zweiflügeligen Angriffs bildete. Die Offensive, die in der Region des Plattensees stattfand, startete am 5. März, aber der Frühling hatte die Region dort in einen einzigen großen Schlammsee verwandelt und die schwereren Fahrzeuge saßen innerhalb kürzester Zeit im Morast fest. Leichte Infanterie wie die Gebirgsjäger konnten immer noch vorrücken und so machte die Offensive auch in den ersten zehn Tagen relativ gute Fortschritte. Doch schon bald geriet sie ins Stocken. Am 21. März begann ein massiver russischer Gegenangriff und die deutschen Linien waren sehr schnell nicht mehr zu halten. Über 40 Divisionen der Roten Armee standen nur mehr ei-

Am Boden der Geschenkdose für General Böhme befand sich eine Gravur und die Zahl sieben für die 7. Gebirgsdivision (P. Pleetinik via F.J. Stephens).

ne Handvoll deutscher Einheiten gegenüber, darunter die 1. Gebirgsdivision und die 13. Waffen-Gebirgsdivision der SS "Handschar".

Sowohl die 2. Panzerarmee als auch die 6. SS-Panzerarmee waren im Norden gezwungen, sich zurückzuziehen. Das Ansehen der 1. Gebirgsdivision war wegen ihrer Verlässlichkeit und ihrer Standfestigkeit so groß, dass sie dazu ausgesehen war die Nachhut zu stellen, die die Russen so lange aufhalten sollte, bis der Großteil der deutschen Einheiten in den Westen zurückverlegt worden war.

In den letzten Wochen des Krieges kämpften die 1. und 9. Gebirgsdivision in der Steiermark in Österreich. Da bestand sie nur mehr aus kleineren Kampfgruppen, die letzten Nachhutgefechte gegen die Rote Armee austrug, bevor sie sich gezwungen sah im Mai 1945 zu kapitulieren.

Weiter im Norden wurde die 4. Gebirgsdivision in die Slowakei zurückgedrängt, wo sie Teil einer ad hoc aufgestellten gepanzerten Einheit wurde, der 1. Panzerarmee. Diese sogenannte Panzerarmee hatte aber nur noch wenige gepanzerte Fahrzeuge und geriet am Ende des Krieges ebenfalls in russische Kriegsgefangenschaft.

Weiter im Norden wurde auch die 3. Gebirgsdivision zurückgedrängt und kämpfte in Oberschlesien, bis sie am Ende gezwungen war, sich zu ergeben.

Um einiges glücklicher, was ihr Schicksal anging, erging es der 5. und 8. Gebirgsdivision, die in Italien operierten. Die 5. Gebirgsdivision war 1943 südlich von Rom stationiert und nahm an den Rückzugsgefechten in Italien als Teil des LI. Gebirgskorps teil. Gegen Ende des Krieges kämpfte sie, um die Gotenlinie zu verteidigen. Dann mussten sie sich im Nordwesten Italiens aber Ende des Jahres 1944 den britischen Truppen ergeben.

Die 8. Gebirgsdivision wurde in Italien in der Region rund um Bologna eingesetzt als Teil des XIV. Korps. Sie wurde bis ins Po-Tal zurückgedrängt und ergab sich Ende 1944 im Nordwesten Italiens den amerikanischen Streitkräften.

Die 2., 6. und 7. Division, die sich nach Norwegen zurückgezogen hatten, waren immer noch da, als der Krieg endete. Sie ergaben sich den britischen Streitkräften.

Die Westfront

Die einzigen größeren Einsätze von Gebirgsjägern an der Westfront in der zweiten Hälfte des Krieges war die "Operation Nordwind". Sie wurde nach dem Fehlschlag der Ardennen-Offensive gestartet, als die Deutschen versuchten, dem alliierten Druck in den Ardennen zu begegnen, indem sie versuchten, durch die amerikanischen Linien hindurch zu

Major Friedrich Bader mit einer großen Zahl von Kampfauszeichnungen. Man beachte das Heeresbergführerabzeichen unter dem Deutschen Kreuz auf der rechten Brusttasche und den kroatischen Orden von König Zvonimir unter dem Eisernen Kreuz auf der linken Brusttasche. Das Ehrenband auf dem Eisernen Kreuz, 2. Klasse im Knopfloch der Uniform ist verkehrt herum angebracht. Auch das Eichenlaub wird verkehrt herum getragen. Aus irgendeinem unerfindlichen Grund wird auch die Nahkampfspange auf seiner linken Brusttasche verkehrt herum getragen. Man beachte auch die metallenen Abzeichen auf der Bergmütze statt der Stoffabzeichen. (Josef Charita).

brechen und nach Süden, in Richtung Straßburg, vorzustoßen. Teile der 6. SS-Gebirgsdivision "Nord" waren in dem Versuch eingebunden, den Fluss Moder zu überqueren und durch die Vogesen vorzustoßen. Obgleich die SS-Truppen sich hervorragend schlugen, sehr viel besser, als sie dies an der Ostfront gemacht hatten, weil sie inzwischen sehr viel kampferprobter waren, war die Offensive zum Scheitern verurteilt. Anfang Januar war sie gestartet worden, aber schon nach wenigen Tagen kam die Offensive zum Erlahmen, obwohl es den Gebirgsjägern der "Nord"-Division gelang, der amerikanischen 45. Division bei relativ wenigen eigenen Verlusten schweren Schaden zuzufügen. Danach sollte sie den Fluss Ruwer überqueren, unterstützt durch die 2. Gebirgsdivision, und Trier wiedereinnehmen. In der blutigen Schlacht, die sich dabei ereignete, wurden die Gebirgsjäger jedoch zurückgedrängt, nicht ohne den Amerikanern schwerste Verluste beizubringen.

Ironischerweise war die "Nord"-Division trotz des schlechten Starts im Kampfgeschehen im hohen Norden der Ostfront mittlerweile eine der besten Einheiten geworden, die den Deutschen am südlichen Abschnitt der Westfront zur Verfügung standen. Und in der Tat bewährte sie sich vor allem dabei, den Rückzug der verbliebenen deutschen Truppen über den Rhein zu decken, bevor sie versuchte, sich selbst abzusetzen. Doch für die meisten Soldaten der Einheit war es bereits zu spät. Nur wenigen gelang die Flucht auf deutsches Territorium. Die übrigen wurden Gefangene der Amerikaner.

Der Partisanenkrieg auf dem Balkan

In nahezu jedem von den Deutschen im Zweiten Weltkrieg besetzten Land tauchten Partisanenbewegungen in unterschiedlicher Größe auf. Im besetzten Jugoslawien sahen sich die Deutschen gleich zwei verschiedenen Widerstandsgruppen gegenüber: Den königstreuen Tschetniks und Titos kommunistischen Partisanen. Die beiden Gruppierungen hassten sich mindestens ebenso sehr, wie sie die Deutschen hassten. Anfänglich war das Partisanenproblem nicht allzu ernst zu nehmen, aber schon bald begann Tito damit, seine Partisanen militärisch zu organisieren. Diszipliniert und gut trainiert wuchs ihre Zahl zunehmend auf über 150.000 Mann.

Als Italien im Jahr 1943 kapitulierte, wurden die italienischen Truppen aus Jugoslawien abgezogen und viele lieferten ihre Waffen und ihre schwere Ausrüstung ab. Die wurden schnellstmöglich von Titos Partisanen übernommen. Alliierte Nachschubabwürfe aus der Luft und zusätzliche Ausrüstung gab den Partisanen darüber hinaus auch noch eine zusätzliche Schlagkraft.

Die 7. SS-Freiwilligen-Gebirgsdivision "Prinz Eugen" war extra deswegen ausgehoben worden, um die Bedrohungen durch Partisanen in Jugoslawien zu bekämpfen. Sie trat zum ersten Mal im Januar 1943 im Kampf auf, als es eine großangelegte Aktion gegen die Partisanen gab, die bis zum März andauerte und half anschließend dabei, die verbliebenen italienischen Truppen auf jugoslawischen Boden zu entwaffnen. "Prinz Eugen" half auch bei der Ausbildung der 13. Waffen-Gebirgsdivision der SS "Handschar".

Im Mai 1944 nahm die Division an einer großen Operation teil, um Tito gefangen zu nehmen und seine Partisanen niederzuringen, die sich mittlerweile "Jugoslawische Nationale Befreiungsarmee" nannten. Obwohl Titos Hauptquartier in Drvar eingenommen wurde entkam Tito in letzter Minute. Etliche Partisanendivisionen wurden bei diesen Kämpfen stark dezimiert. Am Ende waren aber die Verluste auf beiden gleich groß und die Partisanen erwiesen sich als harte Kämpfer.

Im Frühling 1944 veränderte sich die gesamte militärische Balance in dieser Region, als Bulgarien und Rumänien die Seiten wechselten und zusammen mit einem massiven Vorstoß der Roten Armee damit begannen, nach Belgrad vorzurücken. Auf einmal sah sich "Prinz Eugen" nicht im Kampf gegen Partisanen, sondern im direkten Kampf mit feindlichen Frontverbänden.

Dabei war "Prinz Eugen" in der Gegend um Nish aktiv und deckte den Rückzug der Heeresgruppe E. Danach zog sie sich selbst nach Westen zurück. Während der letzten Monate des Krieges wurde die Einheit als eine Art "Feuerwehr" genutzt und wurde von einem Krisenherd an den Fronten zum nächsten verlegt. Sie war eine der wenigen Divisionen, die noch existierten und auf die man sich verlassen konnte, dass sie entschlossen bis zum Ende durchkämpfen würde, koste es, was es wolle. So diente sie als Nachhut der deutschen Truppen bei ihrem Rückzug vom Balkan nach Österreich und kämpfte dabei bis zuletzt, bevor sie sich gezwungen sah, sich den Partisanen am 16. Mai 1945 zu ergeben. Viele Soldaten der Einheit wurden dabei von den Partisanen getötet.

Uniformen und Abzeichen

Mützen

Die Kopfmützen, die die Gebirgsjäger trugen, waren fast ausnahmslos die Standard-Kopfbedeckungen, die auch für alle anderen Teilstreitkräfte maßgeblich waren. Details, die die Kopfmützen als zu den Gebirgsjägern gehörig auswiesen, waren der

Major Ludwig Stautner vom Gebirgsjägerregiment 139. Als Teilnehmer am Ersten Weltkrieg trägt er das Eiserne Kreuz von 1914, 1. und 2. Klasse. Dazu kommt die 1939 verliehene Spange. Man beachte auch das Verwundetenabzeichen der kaiserlichen Armee. Das Heeresbergführerabzeichen ist ebenfalls gut zu erkennen. (Josef Charita)

hellgrüne Besatz über der Krone und dem Band der Schirmmütze. Auf der Tropenmütze war eine eingelassene hellgrüne Muschel, die die Kokarde in den Nationalfarben einschloss. Darüber hinaus war zwischen dem Reichsadler und dem Hakenkreuz auf der Stirnseite der Schirmmütze und der in Kranzform gehaltenen Kokarde auf dem Mützenband ein metallenes Edelweiß-Abzeichen angebracht. Auf der linken Seite der Schirmmütze war - aufgesetzt oder eingenäht - ein weißes metallenes Edelweiß, das unter Umständen auch aus Zink sein konnte. Die einzige Mütze, die vielleicht für die Gebirgsjäger spezifischer war, war die Bergmütze, die sehr ähnlich der Bergmütze war, die die österreichischen Gebirgstruppen im Ersten Weltkrieg getragen hatten. Sie war aus feldgrauem Wollstoff und hatte Ohrschützer, die an der Seite heruntergeklappt werden konnten, um die Ohren zusätzlich zu schützen sowie den Halsrücken, wenn das Wetter allzu schlecht war. Diese Ohrschützer wurden unter dem Kinn des Trägers zusammengebunden und wurden ansonsten auf der Stirnseite der Mütze hochgebunden und durch einen dort angebrachten Knopf gehalten.

Abzeichen vorne auf der Bergmütze bestanden aus einem Hakenkreuz und dem Reichsadler über der Kokarde in den Nationalfarben. Sie waren in grauer, künstlicher Seide gewoben auf einem grünen Untergrund. Das metallene Edelweiss-Abzeichen wurde auf der linken Mützenseite getragen. Ein weißer Tarnüberzug diente auch als Tarnung für die Bergmütze bei Operationen im Schnee.

Die Bergmütze war so populär, dass im Jahr 1943 die neue allgemeine Feldmütze, die so genannte Einheitsfeldmütze Modell 1943 für alle Teilstreitkräfte des Heeres eingeführt wurde. Sie war eine nahezu identische Replik der Bergmütze, aber mit einem längeren Schirm.

Die Gebirgsjäger der Waffen-SS hatten wie ihre Kameraden beim übrigen Heer, spezielle Besonderheiten an ihren Mützen, die sie auswiesen. Hellgrüner Stoff wurde gelegentlich für die Schirmmütze gebraucht, aber das traf nicht immer zu, denn es wurden zum Teil sich widersprechende Befehle ausgegeben, welche Farben auf den Schirmmützen der Waffen-SS getragen werden durften. Farbige Abzeichen wurden nur für eine kurze Zeit gestattet, bevor sie anschließend verboten wurden, aber all jene, die bereits solche Mützen trugen, haben sie augenscheinlich weitergetragen. Eine weiße Paspel war das Erkennungszeichen für alle Einheiten der Waffen-SS, aber es gibt - vor allem aus der Anfangszeit - auch Mützen mit einer hellgrünen Paspel. Das kleine metallene Edelweiß-Abzeichen, das auf den Schirmmützen getragen wurde, galt allerdings nicht für Mützen der Waffen-SS.

Eine Gruppe Gebirgsjäger der 7. SS-Freiwilligendivision "Prinz Eugen". Die Odal Runen auf den Kragenspiegeln sind gut zu erkennen, ebenso das Edelweiß-Abzeichen und die Divisions-Kennung. Unüblicherweise hat der SS-Sturmmann zur Linken seine Rangabzeichen und die Divisionskennung an seiner Freizeitjacke befestigt.

Waffen-SS-Gebirgsjäger trugen ebenfalls die Bergmütze und die M43-Feldmütze. Die Abzeichen auf diesen Mützen bestanden ursprünglich aus einem künstlich gewobenen seidenen Totenkopf in hellgrau auf schwarzem Untergrund auf der Frontseite der Mütze, zusammen mit dem Reichsadler und einem Hakenkreuz auf der linken Seite. Zusammen mit dem Edelweiß-Abzeichen, die im Fall von Waffen-SS-Einheiten vergoldet waren, und auch auf der linken Mützenseite getragen wurden, sah die Mütze auf dieser Seite eher bunt aus. Die Mützen wurden oftmals mit einem einzigen statt dem normalen zweiseitigen Verschluss für die Ohrschütze getragen und hatten entweder den Totenkopf oder aber den Reichsadler auf der Stirnseite der Mütze und das Edelweiß nur auf der linken Seite. Am Ende des Krieges wurden auch neue Abzeichen eingeführt, sowohl mit dem Reichsadler als auch dem Totenkopf in matt grau auf einem einzigen feldgrauen Untergrund.

Gebirgsjäger trugen auch eine Feldmütze, die der M43-Feldmütze sehr ähnlich war, aber eine eigene Tarnfarbe besaß. Obwohl zu diesen Mützen auch die entsprechenden Abzeichen produziert wurden, ging man schon bald zum Einheitsbraun über. Sie wurde aber, wenn man nach photographischen Beweisen für sie sucht, wahrscheinlich nur sehr selten getragen.

Da viele Mitglieder der Waffen-SS-Gebirgsjäger auch nicht-deutscher Herkunft waren und zum Beispiel aus moslemischen Freiwilligen bestanden, hatte Himmler angeordnet, dass diese Truppen auch eine Art Fez tragen durften. Der Fez der Waffen-SS war eine recht einfache Kopfbedeckung, die aus gepresstem Filz hergestellt wurde und ein lederartiges Schwitzband besaß und ein schwarzes Kordelband. Der Fez hatte einem burgunderroten Farbton, konnte aber auch feldgrau für den Einsatz im Kampf sein. Die Abzeichen bestanden aus dem maschinengewebten Reichsadler und Totenkopfabzeichen.

Die Mehrzahl der verschiedenen Uniformen, die von den Gebirgsjägern sowohl der Armee als auch der Waffen-SS als Kampf- und Parade- oder Ausgehuniformen getragen wurden, waren zumeist Standarduniformen, die auch von allen anderen Teilstreitkräften des Heeres getragen wurden. Die folgenden Details wiesen sie aber als Mitglieder der Gebirgsjäger aus.

Heeresuniformen

Hellgrüne Unterlegungen des Kragens und der Armstöße bei der Waffen-Paradeuniform sowohl für Offiziere als auch für alle anderen Ränge.

Hellgrüne Unterlegungen bei den Schulterklappen der Offiziere.

Hellgrüne Paspeln bei Unteroffizieren und anderen Rängen an den Schulterklappen.

Hellgrüne Streifen zusätzlich zu den Waffenfarben in der Mitte des Kragenspiegels eines Offiziers, für Unteroffiziere und alle übrigen Ränge.

Hellgrüne Paspeln vorne, auf dem Kragens, den Ärmelstößen und den rückwärtigen Nähten des Paradewaffenrocks und auf vielen der privat zu erwerbenden Ausgehuniformen. Hellgrüne Paspeln auf den Nähten der Hosen für die Paradeuniform und die Hosen der Ausgehuniform.

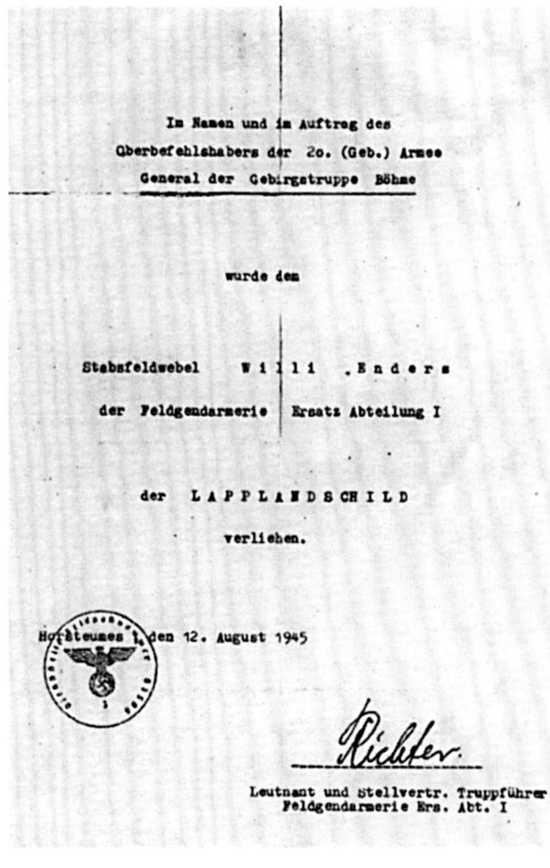
Im Namen und im Auftrag des
Oberbefehlshabers der 2o. (Geb.) Armee
General der Gebirgstruppe Böhme

wurde dem

Stabsfeldwebel W i l l i .E n d e r s
der Feldgendarmerie Ersatz Abteilung I

der L A P P L A N D S C H I L D
verliehen.

Hofsteumes, den 12. August 1945

Richter.
Leutnant und Stellvertr. Truppführer
Feldgendarmerie Ers. Abt. I

Die Verleihungsurkunde für das Lappland-Abzeichen für einen Unteroffizier der Militärpolizei, die der 20. Gebirgsdivision zugeordnet war. Man beachte, dass das Datum für die Verleihung auf die Zeit nach Beendigung des Krieges ausgestellt war. Zu diesem Zeitpunkt waren die meisten Dokumente bereits "entnazifiziert" und damit ohne Hakenkreuz und amtliche Aufdrucke.

Hellgrüner Hintergrund für die Flaggenabzeichen auf den Armstößen der Standarduniform. Diese waren zumeist maschinengewebt oder eingefasst. Der Untergrund für die Abzeichen veränderte sich aber zunehmend hin zu einem Feldgrau gegen Kriegsende, doch viele Gebirgsjäger trugen augenscheinlich die anfangs eingeführten Uniformen.

Offiziere trugen gelegentlich auch von Hand eingefasste mit silbrigem Draht umwebte Edelweiß-Abzeichen. Es gibt auch Beispiele dafür, dass derartige Abzeichen in tropenbraun eingefasst waren. Die Ski-Jäger wurden gemeinhin als Teil der Jäger und nicht der Gebirgsjäger angesehen. Sie trugen dieselben hellgrünen Paspeln, aber das Abzeichen, das auf der linken Seite der Feldmütze getragen wurde, bestand aus drei Eichenlaubblättern das Jägerabzeichen - mit einem schräg darüber gelegten angedeutetem Ski. Das Abzeichen am Ärmel bestand aus drei angedeuteten Eichenlaubblättern auf dunkelgrünem Untergrund, darüber war diagonal ein Ski angedeutet. Das gesamte Abzeichen war aus künstlicher Seide gewoben.

Die Uniformen der Waffen-SS

Hellgrüne Paspeln für Unteroffiziere und andere Ränge auf den Schulterstücken.

Hellgrüne Unterlegung der Schulterstücke für Offiziere.

Die Ärmelabzeichen der Gebirgsjäger bestanden aus einem ovalen schwarzen Hintergrund, silber-grau eingefasst, dass ein silbrig graues Edelweiß-Abzeichen mit Gelb durchwoben aufwies.

Einige der Einheiten der Gebirgsjäger hatten Kragenspiegel und Ärmelstöße, die sich ähnelten. Eine große Anzahl von Waffen-SS-Kragenspiegel wurde entworfen und hergestellt, aber niemals ausgegeben. Die folgenden sind diejenigen, die bekannt sind und weithin getragen wurden, weil sie auf vielen Fotografien zu erkennen sind.

6. SS-Gebirgsdivision "Nord"

Als eine deutsche Division trug diese Einheit die SS-Runen auf dem Kragenspiegel. Abzeichen am Ärmelaufschlag waren autorisiert und wurden von Mitgliedern des Regiments "Reinhard Heidrich" und "Michael Gaissmair" getragen. Erstere wurden als Abzeichen in verschiedenen Formen angefertigt - maschinengewoben in silbrig-grau auf einem schwarzen - wollenen Band mit einer Aluminiumkante - gemeinhin als RZM-Stil bekannt; maschinengewebt mit einem Aluminiumfaden auf schwarz-wollenem Band mit einem Aluminiumfaden eingefasst und maschinengewoben in einem grauen, künstlichen Seidenfaden auf schwarzem Untergrund. Der "Michael Gaissmair"-Ärmelaufschlag ist als "BeVo" bekannt und wurde von allen Rängen getragen.

7. SS-Freiwilligen-Gebirgsdivision "Prinz Eugen"

Als eine vorwiegend ethnische Einheit trugen Mitglieder dieser Einheit die so genannte "Odal Rune" auf dem Kragenspiegel und nicht die normalen SS-Runen. Die Mitglieder, die jedoch deutscher Abstammung waren und damit Vollmitglieder der SS. Damit konnten sie auch auf der linken Brustseite SS-Runen als Abzeichen tragen, die mit einem goldfarbigen Faden eingewoben wurden. Nur von einem Divisionstitel ist bekannt, dass er getragen wurde. Es zeigte sich in ‚RZM'- und ‚Flatwire'-Stil. Er wurde maschinengewebt aus einem feinen silber-grauen Faden auf schwarzem Untergrund in dem eigentümlichen charakteristischen Schriftbild. Er wurde als "BeVo"-Schriftzug bekannt.

13. Waffen-Gebirgsdivision der SS "Handschar"

Als eine Einheit mit nichtdeutschen Freiwilligen war es dieser Einheit nicht gestattet, die SS-Runen am Kragenspiegel zu tragen. Stattdessen war auf dem rechten Kragen eine Hand abgebildet, die nach einem Krummsäbel greift mit einem kleinen Hakenkreuz auf der unteren linken Seite des Abzeichens unterhalb der Klinge des Krummsäbels. Auch hier konnten die deutschen Offiziere die üblichen SS-Runen auf der Brusttasche tragen.

Das kroatische Ärmelabzeichen - ein Wappenschild mit einem rot-weiß gewürfelten Feld wurde von vielen Angehörigen der Division getragen, unterhalb des Reichsadlers auf dem linken Ärmel.

21. Waffen-Gebirgsdivision der SS "Skanderbeg"

Ein spezieller Kragenspiegel wurde entwickelt und hergestellt für die Mitglieder dieser vorwiegend aus albanischen, muslimischen Freiwilligendivision. Anscheinend wurden sie aber nie getragen. Das deutsche Personal trug die üblichen SS-Runen, während die albanischen Freiwilligen ein blankes, ungekennzeichnetes Abzeichen trugen.

Ein Band um den Ärmelaufschlag in der Art des "BeVo" wurde produziert, genauso wie ein Armabzeichen, das den doppelköpfigen Schwarzen Adler Albaniens zeigte auf einem roten Feld.

23. Waffen-Gebirgsdivision der SS "Kama"

Ein spezieller Kragenspiegel wurde für die Einheit produziert und zeigte ein einfaches Motiv einer Sonnenblume, aber anscheinend wurde es nicht ausgegeben. Die SS-Runen wurden wieder vom deutschen Personal getragen und ein ungekennzeichnetes schwarzes Abzeichen bei den kroatischen Freiwilligen.

24. Waffen-Gebirgsdivision der SS

Ein spezieller Kragenspiegel mit einem Blumenmotiv der Karst wurde entworfen und vermutlich auch hergestellt, aber nie an die Mitglieder der Division ausgegeben. Ansonsten sind keinerlei typische Erkennungszeichen für die Division bekannt.

Spezielle Gebirgsjägerkleidung

Zusätzlich zu den normalen Kleidungsstücken, die von allen Mitgliedern der Wehrmacht getragen wurden, brauchten die Gebirgsjäger natürlich spezielle Kleidung für die kalten Wetterbedingungen. Einiges davon war sehr typisch für diese Teilstreitkraft.

Die standardmäßige Winterbekleidung beinhaltete den Winteranzug. Dieser bestand aus einer schweren, doppelreihig geknöpften Winterjacke mit Kapuze. Sie war beidseitig anzuziehen, innen mit grauer Tarnfarbe ausgestattet und außen mit weißer Tarnfarbe versehen. Dazu gab es auch die entsprechenden Hosen.

Spezieller waren da schon die Windjacken der Gebirgsjäger, leichte, wasserdichte Leinenjacken, die man über der Dienstuniform trug. Auch sie wurde doppelreihig geknöpft und war von olivgrüner Farbe, aber nicht wend bar. Sie hatte zwei Taschen, einen Rückengurt und zwei aufgesetzte Taschen vorne. Das Ende der Ärmel konnte verschlossen werden, damit sie dicht abschloss. Oftmals wurde das Edelweiß-Abzeichen getragen und die Jacke wies zumeist auch Schulterklappen auf.

1942 wurde auch ein Anorak mit den dazugehörigen Hosen bei den Gebirgsjägern eingeführt. Er hatte eine große Kapuze mit angeschlossenen Ohrwärmern und wies eine große Fronttasche auf der Brust auf. Es gab darüber hinaus auch noch zwei hintere Taschen. Der Anorak konnte unten am Bund zusammengezogen werden, ebenso an den Ärmeln und er war wendbar, konnte also mit weißer und grauer Tarnfarbe getragen werden.

Obwohl der Standardstiefel und der knöchelhohe Stiefel von den Gebirgstruppen oft getragen wurde, wurde natürlich im Gebirge vorrangig der Bergstiefel getragen. Dieser war knöchelhoch mit einer extra dicken Sohle, die genagelt war, ebenso an den Hacken. Sie wurden durch Schnürbänder geschnürt, durch fünf Schnürlöcher sowie durch vier Haken. Die Stiefel wurden zumeist mit der Berghose und der übrigen Berguniform getragen.

Die Berghosen waren den üblichen Armeehosen nicht unähnlich, hatten aber ein weiteres Bein. Die Beinenden konnten dabei in die Gebirgsstiefel gesteckt werden. Jedes Hosenbein hatte eine Falte unten und konnte eng um das Bein gelegt werden. Das Gesäß und das Beininnere waren zusätzlich gefüttert. Der Stoff war ein grau-grüner Wollstoff. Die Hose wurde durch Klemmverschluss in der Hüfte zusammengehalten.

Mit dem Standardstiefel konnten grau-braune Gamaschen getragen werden, die mit einem kleinen Lederriemen an jeder Seite des Knöchels befestigt wurden.

Auszeichnungen und andere spezielle Abzeichen

Als leichte Infanterie konnten die Gebirgsjäger das Infanteriekampfabzeichen in Silber erwerben, wenn sie an drei verschiedenen Kampfeinsätzen gegen den Feind teilgenommen hatten. Ebenfalls konnten sie das Nahkampfabzeichen in Bronze nach 15 Tagen in direktem Kampf erwerben, in Silber nach einem 30tägigen Gefecht und nach Gold in einem 50 Tage andauernden Kampf.

Es gab darüber hinaus keine speziell für die Gebirgsjäger entworfenen Kampfauszeichnungen, aber es gab natürlich eine Anzahl besonderer Auszeichnungen, die nach Feldzügen entworfen wurden, aber nicht speziell nur für die Gebirgsjäger gedacht waren, sondern auch an die Gebirgstruppen in größerem Umfang verliehen wurden.

Die Narvik-Spange

Eingeführt am 19. April 1940, um die Verdienste derjenigen anzuerkennen, die im Kampf um Narvik teilgenommen hatten.

Die Spange hatte die Form eines Schildes mit Reichsadler und Hakenkreuz sowie geschwungen Schwingen darüber. Darüber stand der Schriftzug "Narvik" geschrieben. Darunter war das Jahr 1940 als Zahl zu lesen und Motive der drei Teilstreitkräfte, die dort im Einsatz gewesen waren - das Edelweiß für die Gebirgsjäger, ein Propeller für die Luftwaffe und ein Anker für die Marine. Die Gebirgsjäger trugen die Spange in einer silbrigen Ausführung auf einem grauen Hintergrund. Das alles wurde auf dem oberen linken Ärmel als Abzeichen getragen. Von den 8577 Narvik-Spangen wurden 2755 an die Gebirgsjäger vergeben.

Die Lappland-Spange

Ausgestellt vom Kommandeur der 20. Gebirgsarmee, General der Gebirgstruppe Bohme, war die Lappland-Spange die letzte deutsche Auszeichnung, die im Zweiten Weltkrieg angefertigt wurde. Ihre Ausgabe erfolgte erst, als der Krieg so gut wie zu Ende war.

Die Spange zeigte reliefartig die Umrisse Lapplands und darüber den Schriftzug "Lappland". Über der Spange war der Reichsadler mit seinen geschwungenen Schwingen, aber kein Hakenkreuz. Da die Spange dies nicht aufwies, weil es zu diesem Zeitpunkt bereits verboten war, erlaubten die britischen Streitkräfte in Norwegen, denen sich die Deutschen ergeben hatten, auch die Verteilung dieses Abzeichens. Es ist jedoch sehr unwahrscheinlich, dass die Spange wirklich getragen wurde. Vielmehr wurde sie wahrscheinlich als ein Erinnerungsstück von all jenen bewahrt, die sie verliehen bekamen. Sie waren sehr unsauber hergestellt, normalerweise aus Aluminium, aus dem sie nur sehr grob heraus gestanzt worden waren.

Das Kreta-Ärmelband

Eingeführt im Oktober 1942, um all jene zu ehren, die an der Schlacht um Kreta teilgenommen hatten, bei der die Gebirgsjäger eine herausragende Rolle eingenommen hatten. Das Band bestand aus einem weißen Stoff, das mit einem Goldfaden eingefasst war. In der Mitte stand der Schriftzug "Kreta", zu beiden Seiten waren Akanthus-Blätter angedeutet. Es wurde auf dem linken Ärmelaufschlag getragen.

Das Anti-Partisanenabzeichen

Es war nicht ausschließlich für die Gebirgsjäger entworfen worden, aber angesichts der herausgehobenen Rolle, die die Gebirgsjäger besonders der Waffen-SS bei der Bekämpfung der Partisanen auf dem Balkan eingenommen hatten, hatten sich viele Gebirgsjäger dafür auch ausgezeichnet.

Es wurde von Himmler im Januar 1944 eingeführt und bestand aus einem vertikalen Kranz mit Eichenlaubblättern mit einem darunter angebrachten Totenkopfsymbol. In der Mitte war eine vielköpfige Schlange abgebildet, die von einem Schwert aufgespießt war. Das Schwert wies auf seinem Knauf ein Hakenkreuz auf. Das Abzeichen bestand aus Bronze für einen 20tägigen Einsatz gegen Partisanen, aus Silber für einen 50tägigen Einsatz und aus Gold für einen 150tägigen Einsatz im Kampf gegen die Partisanen.

Auf der Rückseite des Abzeichens war ein Knopf angebracht, mit dem es befestigt werden konnte. Es gab allerdings auch Abzeichen, die mit einer Nadel befestigt werden konnten.

Das Heeresbergführerabzeichen

Eingeführt im August 1936 sollte es diejenigen auszeichnen, die anerkannte Bergführer waren. Das Abzeichen bestand aus einem ovalen Metall mit weißer Umrundung auf grünem Innenfeld, auf dem ein silbrig stilisiertes Edelweiß abgebildet war. Unten stand der Schriftzug "Heeresbergführer" zu lesen in gotischen Buchstaben - es wurde auf der linken Brusttasche getragen, aber weithin auch gerne auf der rechten Seite verwendet (ausf. Erl. s. S. 23).

Inoffizielle Auszeichnungen

Zusätzlich zu den verschiedenen nationalen Auszeichnungen, die verliehen wurden, schufen viele Divisionen, Regimenter und sogar einzelne Kompanien ihre eigenen, gänzlich inoffiziellen Erinnerungsabzeichen. Eine Anzahl von ihnen ist immer noch erhalten, die von bestimmten Gebirgsjägereinheiten herrühren.

Erinnerungsmedaillen für den Kaukasus

Typ 1: Die Bildseite wies eine Bergspitze mit einem Edelweiß auf. Darüber stand geschrieben: "Kaukasuseinsatz" und darunter "13/Geb.Jäg.Rgt. 98". Auf der Bildrückseite wurden die Namen der Schlachten, an denen die Einheit teilgenommen hatten, aufgeführt: "Kluchorpass, Glitschal, Gunailatal und Schemacho, alle aus dem Winter 1942. Die Medaille bestand aus Zink und wurde für die 13. Kompanie des Gebirgsjägerregiments 98 als Teil der 51. Gebirgsdivision angefertigt.
Typ 2: Die Bildseite zeigte einen stilisierten Berggipfel, darüber eine angedeutete wehende Reichskriegsflagge. Oben stand der Schriftzug "Kaukasus 1942". Auf der Rückseite standen das taktische Symbol der entsprechenden Einheit und ein Edelweiß. Diese Medaille wurde für die Gebirgs-Nachrichtenabteilung 54 als Teil der 1. Gebirgsdivision produziert.

Erinnerungsmedaille für den Kampf am Polarkreis 1942/43

Diese Medaille war aus schwarzem Zink. Auf der Bildseite war ein Edelweiß und auf der Rückseite stand oben das Jahr 1942, gefolgt durch den Schriftzug "Eismeerfront" in pseudogotischen Lettern, darunter das Jahr "1943". Es ist nicht bekannt, für welche spezielle Einheit dieses Abzeichen entworfen wurde.

Die Tafeln

Die Uniform

A1: Soldat, Gebirgsjäger

Der Gebirgsjäger trägt eine normale Standarduniform. Sein Stahlhelm ist der M35 mit entsprechenden Insignien. Die Uniform, die getragen wird, ist die M36 in guter feldgrauer wollener Qualität. Die Abzeichen sind aus maschinengewebtem künstlichem Silberfaden. Sowohl die Kragenspiegel als auch die Schulterklappen haben die hellgrünen Farben der Jägertruppen. Die Hosen sind in Feldgrau gehalten. Diese wurden später den übrigen Hosen der Wehrmacht angeglichen, weil die Produktion vereinheitlicht wurde. Sie sind in die standardmäßigen Wehrmachtsstiefel gesteckt. Der Soldat trägt auch den standardmäßigen Wehrmachtsgürtel mit einem Aluminium-Gürtelschloss, an der die Taschen für die Munition für seine Mauser 7,92mm Kar 98k Karabiner befestigt sind. Das ebenso standardmäßige Bajonett wird in einer braunen Lederhalterung getragen.

A2: Hauptmann, Gebirgsjäger

Dieser Hauptmann der Gebirgsjäger trägt die offizielle Uniform mit einem dunkelgrünen Kragen, aber mit einer älteren, acht Knöpfe umfassenden Jacke mit aufgesetzten Umschlagtaschen - ein typisches Kennzeichen für die Uniformen aus der Reichswehrzeit. Ein Abzeichen ist von Hand eingefasst in hoher Qualität. Der übliche Offiziersgürtel mit einem doppelten Schloss wird getragen. Die Offiziershosen sind auch aus dem älteren steingrau und werden in schwarz polierten Offiziersstiefeln getragen. Auf dem Kopf wird die Schirmmütze getragen, die ihn als Gebirgsjäger ausweist durch die hellgrüne Unterlegung des Knopfes und dem Mützenband und dem kleinen weißen metallenen Edelweiß-Motiv.

A3: General der Gebirgstruppe

Die Generalsuniform dieses Gebirgsjägers zeigt die mit Rot abgesetzte Uniform, statt der hellgrünen Uniform der sonstigen Offiziere und Soldaten. Der Status des Generals der Gebirgstruppe wird erkenntlich an seinen Edelweiß-Ärmelabzeichen und dem metallenen Edelweiß-Abzeichen auf der Mütze. Die Unterlegung der Schulterklappen und der Kragenspiegel ist ebenfalls in Rot gehalten, genauso wie die in Rot gesetzten Hosen. Seine Schirmmütze weist eine Goldfassung der Krone und des Mützenbandes auf, zusammen mit einem Kordelband in Silberdraht. Die Abzeichen sind in Silberdraht eingefasst. Sein brauner Ledergürtel weist die gleichen Besonderheiten auf, wie sie überall in vergleichbarer Position in der Wehrmacht von Offizieren getragen wurden, hier allerdings in einer mattgoldenen Ausfertigung des Gürtelschlosses.

A4: Edelweiß Mützenabzeichen

Dieses kleine weiße, metallene Edelweiß wurde unter dem Reichsadler und dem Hakenkreuz als nationales Symbol getragen - und zwar auf der Mütze (siehe auch A2 und A3). Es wurde 1939 eingeführt.

A5: Gebirgsjäger Ärmelabzeichen

Es wurde aus maschinengewebtem Wollstoff angefertigt und im Jahr 1939 eingeführt und von allen Rängen getragen.

Paradeuniform
B1: Jäger, Gebirgsjägerregiment 98

Der Waffenrock oder die Paradeuniform wird von diesem Jäger getragen. Beachtenswert ist, dass die Vorderseite, der Kragen und die Ärmelaufschläge dieser Jacke in hellgrün abgesetzt sind. Die Kragenspiegel und Ärmelaufsätze sind hellgrün hinterlegt und auf seinem rechten Oberarm ist ein Edelweiß-Abzeichen als Teil der Gebirgsjäger zu erkennen.

Alle Knöpfe sind in strahlendem Aluminium ausgeführt und der Reichsadler auf der Brust ist in einer Aluminium-Spange. Seine Regimentsnummer "98" ist in die dunkelgrünen Schulterklappen eingewoben, in hellgrün. Seine Hosen, die in den Stiefel stecken, sind aus einem steingrauen Farbton und hellgrün abgesetzt. Sein Helm war, wie üblich bei Paraden, in einem hellgrau-grünen Farbton gehalten. Kampfhelme waren üblicherweise dunkler mit einem graueren Farbton.

B2: Feldwebel, Gebirgsjägerregiment 99

Dieser Waffenrock eines Feldwebels kann als Uniform eines Unteroffiziers durch die breiten Abzeichen auf dem Kragenspiegel und den Ärmelstößen identifiziert werden. Auch weisen die Schulterklappen mit der Zahl "99" darauf hin, die silbrig eingefasst sind. Auf dem rechten Arm gibt es ne ben dem Gebirgsjägerabzeichen auch das Abzeichen des Standartenträgers. Dies wird unterhalb des Edelweiß-Abzeichens getragen. Es besteht aus einem maschinengewebten Nationalemblem in Schwarz-Weiß, darüber gelegt sind zwei gekreuzte Banner, die auf die Jägertruppe verweisen und darüber Eichenlaubblätter. Über der Schulter trägt er einen ledernen, silbrig glänzenden Patronengurt mit einer Aluminiumscheibe.

B3: Hauptmann, Gebirgsjägerregiment 136

Dieser Waffenrock eines Offiziers ähnelt denjenigen, die auch von niedrigeren Rängen getragen wurden. Er ist aber aus einer besseren Qualität und mit handgewebten und eingefassten Abzeichen aus feinstem Draht. Sein Status als Adjutant wird an seinen silbrig glänzenden Schulterepauletten kenntlich. Seine Schulterklappen identifizieren ihn als zum Regiment 136 gehörig, das Teil der 2. Gebirgsdivision war. Der Gürtel der Paradeuniform dieses Offiziers ist aus feinem Aluminiumbrokat mit grünen Streifen und hat ein Aluminiumschloss. Der Stahlhelm war der gewöhnliche Paradehelm für Offiziere und niedrigere Ränge.

Zu Beginn des Krieges, 1940-42

C1: Unteroffizier, Gebirgsjägerregiment 98, 1939

Dieser Unteroffizier zeigt einen typischen Gebirgsjäger in seiner normalen Uniform, als der Krieg ausbrach. Die steingrauen Hosen sind noch sichtbar, sie sind noch nicht durch die feldgrauen Uniformen ersetzt.

Sein Koppelschloss ist nunmehr feldgrau, aus glänzendem Aluminium, und sein Helm ist dunkler eingefärbt. Obwohl hier nicht sichtbar hängen an seinem Gürtel die Taschen für die Munition für den Mauser Kar98-Karabiner und er trägt schwarz-lederne Träger. Auch ist die Regimentsnummer auf seinen Schulterklappen erkenntlich, aber nunmehr auf einem entfernbaren Stück Stoff.

C2: General der Gebirgstruppe Dietl, 1940

Lange Strumpfwickel wurden besonders vom General der Gebirgstruppe Dietl favorisiert, zusammen mit den Stulphosen. Diese Zeichnung zeigt ihn genau nach der Schlacht um Narvik, bemerkenswert: Er trägt das Ritterkreuz und das Narvik-Abzeichen für die Teilnahme an dieser Schlacht. Seine Uniform ist einfach. Es ist die M36-Offiziersuniform, aber mit allen Abzeichen für einen General, also Goldabzeichen und rot abgesetzten Patten vorne und an der Seite sowie auf den Ärmelumschlägen. Seine Version der Bergmütze ist mit Gold eingefasst und hat goldfarbene Knöpfe an der Seite.

C3: Feldwebel, Kreta 1942

Dieser Feldwebel, der auf Kreta 1942 kämpfte, trägt die schwarzen ledernen Bergstiefel, in die er seine feldgrauen Uniformhosen gesteckt hat. Seine Uniform ist eine einfache Abwandlung der M1936, die einen dunkelgrünen Kragen aufweist und schlichte Taschen hat, die aufgesetzt sind. Der Reichsadler auf der Brust ist nunmehr in grau und nicht mehr in einem Weiß Ton gehalten auf dunkelgrünem Untergrund. Und seine Kragenspiegel sind auch eher der allgemeinen Wehrmachtsuniform nachempfunden. Ihnen fehlt auch die hellgrüne Waffenfarbe von früher. Als Unteroffizier ist sein Kragen mit einem silbrig eingefassten Kragenspiegel versehen. Er trägt die typische Bergmütze, auf deren Seite das typische Edelweiß-Abzeichen gut zu erkennen ist.

Narvik, Norwegen, 1940

D1: Soldat, Gebirgsjäger Regiment 136

Dieser Gebirgsjäger trägt den standardgemäßen Uniformmantel für den Dienst in kälteren Klimazonen oder Wintermonaten. Man beachte die Strümpfe, die zusammen mit den Bergstiefeln getragen wurden. Und die besonders dicken Sohlen der Stiefel. Er trägt den Standard-Karabiner 98k, die am meisten genutzte Infanteriewaffe der deutschen Streitkräfte im Zweiten Weltkrieg. Der Helm stammt aus dem Jahr 1940 und zeigt die farbigen Nationalfarben auf der rechten Seite, ein Detail, das schon bald nicht mehr galt.

D2: Unteroffizier, Gebirgsjägerregiment 137

Dieser Unteroffizier der Gebirgsjäger trägt eine leichte Kampfausrüstung. Die Uniform weist ihn als Unteroffizier aus, erkenntlich an den Kragenspiegel und den Schulterklappen. Die populäre Bergmütze ist zu sehen, mit seinen Edelweiß-Abzeichen auf der linken Seite. Auch hier ist der Karabiner 98 die Waffe der Wahl.

D3: Unteroffizier, Gebirgsjägerregiment 139

Während des Kampfes um Narvik wurden ein Teil der Gebirgsjäger per Fallschirm abgesetzt, um General Dietls belagerten Männer zu Hilfe zu kommen. Dieser Unteroffizier trägt die normale M1936 Uniform mit den dazugehörigen Berghosen, aber mit der standardmäßigen Zusatzausrüstung der Fallschirmjäger. Er trägt einen Fallschirmjägerhelm, obwohl der Unteroffizier seine Bergmütze auch noch am Gürtel trägt. Die Waffe ist hier eine MP38-Maschinenpistole für die drei Doppeltaschen mit Munition mit sich geführt wurden.

Kampfplatz Mittelmeer, 1942-44

E1: Gefreiter, Gebirgsjägerregiment 85, Italien, Frühjahr 1944

Dieser Maschinengewehrschütze eines Gebirgsjägerregiments trägt den Anorak mit der grauen Innenseite nach außen und mit einem zusätzlichen Sicherungsband zwischen den Beinen. Feldgraue Berghosen wurden zusammen mit dicken Strümpfen und Bergschuhen getragen. Seine Waffe ist ein MG34-Maschinengewehr und in seinem Gürtel trägt er die dazu gehörigen Taschen und Ausrüstungsgegenstände. Ebenso ist er mit einer 9mm Pistole bewaffnet, die in einem Lederholster an seinem Gürtel befestigt ist. Sein Stahlhelm ist ein M42.

E2: Jäger, Gebirgsjägerregiment 100, Italien, Sommer 1944

Auf dem Kriegsschauplatz im Mittelmeer trägt dieser Gebirgsjäger seine volle Tropenuniform. Die üblichen Bergstiefel werden dabei getragen, mit knöchelhohen Strümpfen. Dazu eine typische Tropenhose. Dazu trägt er eine typische Uniformjacke, die auch von den Soldaten des Afrikakorps getragen wurde, aber mit schlichten aufgesetzten Taschen. Der Uniformkragen und die Schulterklappen sind aus einem goldbraunen Ton und weisen die typischen Unteroffiziersmerkmale auf.

Sein Gürtel und seine Träger sind olivgrün und aus gewebtem Material und tragen die üblichen Munitionstaschen für den K98 Karabiner. Sein Koppelschloss ist einfach und olivbraun. Er trägt eine Tropen-Feldmütze mit einem kokardeartigen Emblem, eingefasst von einer Muschel.

E3: Oberfeldwebel, Gebirgsjägerregiment 100, Italien 1944

Dieser Feldwebel ist von einer Gebirgsjägereinheit, die im Jahr 1944 in Italien operierte. Er trägt die normalen Bergstiefel, aber mit Strümpfen, die über die Schuhe gerollt wurden. Er trägt kurze Shorts aus einem blassen olivfarbenen Denim-Material und ein lichtes Sommerhemd mit Uniformjacke. Der Kragenspiegel ist aus mausgrau-gewobenem mit silbrigem Aluminiumfaden durchsetztem Stoff.

Der Reichsadler auf der Brust und den Armstößen ist aus dem gleichen Material gewoben. Die Schulterklappen sind in Feldgrau gehalten und nicht mehr in dunkelgrün. Der übliche schwarze Gürtel hat nun ein feldgraues Koppelschloss. Er trägt einen schwarzen Lederholster für eine P38-Pistole und eine Kartentasche. Die Bergmütze wurde durch die feldgraue M43 Feldmütze ersetzt, aber das Edelweiß-Abzeichen auf der Seite blieb.

E4: Edelweiß-Bergmütze - Abzeichen

Dies ist eine Abbildung des Edelweiß-Abzeichens, wie es auf der Seite einer Bergmütze getragen wurde.

Ostfront, 1942-43

F1: Oberfeldwebel, Gebirgsjägerregiment 138, südlicher Teil der russischen Front, Herbst 1942

Die standardmäßige Windjacke für einen Gebirgsjäger wird hier von einem Oberfeldwebel getragen. Sie wurde normalerweise über der eigentlichen Uniformjacke getragen und ist mit Schulterklappen versehen. Der übliche schwarze lederne Gürtel und die Träger wurden ebenfalls darüber getragen, zusammen mit dem üblichen Rucksack der Gebirgsjäger. Der Unteroffizier trägt eine MP38-Maschinenpistole mit zusätzlichen Munitionstaschen am Gürtel. Wie der Name schon sagt, sollte die Windjacke vor allen vor eisigen Winden in größerer Höhe schützen, konnte aber auf Grund ihres leichten Stoffes nicht vor Kälte schützen. Auch hier wird die standardmäßige Bergmütze getragen.

F2: Jäger, Gebirgsjäger Regiment 91, Kaukasus, Winter 1942

Bei den schrecklichen Minustemperaturen an der Ostfront trägt dieser Gebirgsjäger die dick gefütterte Winterwendejacke, die keinerlei sichtbare Rangabzeichen hat, mit ihrer weißen Außenseite nach außen gewendet. Die Jacke hatte eine integrierte Kapuze und Zugang zur darunter getragenen Uniform durch die Taschen. Sein Stahlhelm ist ebenfalls aus Tarnungsgründen weiß. Obwohl auch eigene Schneehandschuhe angefertigt wurden, trägt dieser Soldat die normalen feldgrauen wollenen Handschuhe.

F3: Oberfeldwebel, 1. Ski-Jägerbrigade, Januar 1943

Die Skikämpfer trugen die übliche Winterwendejacke, zusammen mit weißen Überhosen und Bergschuhen, mit denen man auch Skifahren konnte. Auch wurden weiße Winterhandschuhe getragen. Diese besaßen einen Finger zum Schießen, ohne dass man den gesamten Handschuh ausziehen musste. Der normale schwarze Ledergürtel wurde getragen mit zusätzlichen Taschen für die Munition der Maschinenpistole. Auch diese Taschen wurden Weiß gehalten, um so zusätzliche Tarnung zu ermöglichen. Und auch die Bergmütze ist nunmehr aus Gründen des Schutzes in Weiß gehalten.

Nordrussische Front, 1942-44

G1: Leutnant, 1. Skijägerbrigade, Russland, Sommer 1944

Da er hoch im Norden der Ostfront kämpft, trägt dieser Ski-Jäger eine Heeresversion des Waffen-SS-Rocks mit der typischen Tarnfarbe des Heeres. Er trägt darüber hinaus die M43 Feldmütze auf dessen linker Seite das Ski-Jägerabzeichen ist. Der Offizier hat eine MP40-Maschinenpistole und trägt die dazu gehörigen Munitionstaschen an seinem Gürtel.

G2: SS-Schütze, 6. SS-Geb.-Dvi. "Nord" Lappland, 1941

Dieser Waffen-SS-Soldat der "Nord"-Division trägt die übliche Uniform der Waffen-SS. Seine Mütze ist die bekannte M43 Feldmütze in Tarnfarbe. Obwohl es irgendwie veraltet aussieht, wurde diese Tarnfarbe immer noch genutzt, wie man auf zahlreichen Fotografien erkennen kann. Tarnmützen wurden zwar noch hergestellt, aber nicht sehr oft als Mützen benutzt. Im Feld mussten sich deshalb Soldaten mit allem tarnen, was sie in die Hände bekamen.

G3: Unteroffizier, Gebirgsjägerregiment 137 Lappland, Winter 1943

Dieser Skijäger ist ein Scharfschütze und trägt eine der vielen Abwandlungen bei Kopfbedeckungen eine Fellmütze, die für die Soldaten an der Ostfront gefertigt wurden. Seine Uniform besteht aus einer Jacke mit integrierter Kapuze, die mit der weißen Seite nach außen getragen wurde. Dazu trägt er die passenden weißen Überhosen.

G4: Skijäger-Ärmelabzeichen

Maschinengewebtes Ärmelabzeichen für die Skijägereinheit.

G5: Skijäger Mützenabzeichen

Weises metallenes Skijäger-Abzeichen, das auf der linken Seite der Feldmütze getragen wurde.

Ende des Krieges, 1944-45
Anti-Partisanenkampf auf dem Balkan, 1943-44

H1: Jäger, Gebirgsjägerregiment 98, Serbien, April 1943

Dieser Gebirgsjäger und Maschinengewehrschütze aus der Zeit der Partisanenkriege in der letzten Phase des Krieges trägt einen schweren Rucksack und ein MG42-Maschinengewehr. Er trägt die Armeeversion M43, mit mausgrauen Insignien. Eine Versorgungstasche für das Maschinengewehr ist auf der rechten Seite des Gürtels befestigt und das Gewehr ist mit einem Magazin ausgerüstet. Sein Stahlhelm hat ein Tarnnetz.

H2: Unteroffizier, Gebirgsjägerregiment 99 Jugoslawien, Herbst 1943

Nur wenige Einheiten waren so üppig mit Tarnkleidung ausgerüstet wie die Männer der Waffen-SS. Die Zeltbahnen mit Tarnstoff, die an jeden Soldaten ausgegeben wurde, konnten als Poncho getragen werden, um so auch als Regenschutz zu dienen oder wie hier nur rein zu Tarnungszwecken.

H3: SS-Rottenführer, 7. SS.-Frw.-Geb.-Div. "Prinz Eugen", Jugoslawien, Herbst 1943

Dieser Soldat der Gebirgsjäger "Prinz Eugen" trägt den Tarnhelm und den Tarnanzug aus den letzten Kriegsjahren. Ursprünglich sollte er über der eigentlichen Uniform, dem Gürtel und der sonstigen Ausrüstung getragen werden. Durch die Taschen hätte man dann auf die Uniform "Zugriff" gehabt. Obwohl es Fotografien aus den ersten Kriegsjahren gibt, in der dieser Tarnanzug genauso getragen wird, wurde es schon bald üblich, den Gürtel und die sonstige Ausrüstung über dem Tarnanzug zu tragen, um so schneller darauf zurückgreifen zu können. Der Tarnanzug hatte die übliche dunkelbraune Herbsttarnfarbe.

H4: Anti-Partisanenabzeichen

Silbriges Abzeichen, das 1944 eingeführt wurde (s. S. 65 u. 80).

7. SS-Frw.-Geb.-Div. "Prinz Eugen"

I1: SS-Rottenführer, Halbinsel Perlycsac, Sommer 1944

Dieser Rottenführer der SS-Gebirgsjäger trägt die schwarzen knöchelhohen Stiefel mit Socken, in die seine feldgraue wollene Hose hineingesteckt wurde. Seine Uniform ist im typischen Stil der Waffen-SS gehalten. Sie ist feldgrau, mit fünf Knopflöchern. Sie wurde zumeist mit dem geöffneten, oberen Knopf getragen, so dass der Kragen offen stand. Ein schwarzer Gürtel wird getragen, mit dem standardmäßigen SS-Koppelschloss in feldgrau. Daran befestigt sind Munitionstaschen für den Karabiner K98. Auf seinem linken unteren Ärmel ist der Divisionsnamen zu erkennen: "Prinz Eugen". Ein maschinengewebter Reichsadler kann oberhalb der zwei Muschelembleme seines Rangs in grauer Seide ausgemacht werden. Seine Schulterklappen sind aus schwarzem Wollstoff mit hellgrünen Paspeln. Auf seinem rechten Kragenspiegel ist die Odal Rune-Kennzeichnung zu erkennen, die die Division trug, während auf der anderen Seite des Kragenspiegels ein Doppelstreifen aus silbrigem Aluminiumfaden auszumachen ist. Seine M43-Feldmütze weist das maschinengewebte Waffen-SS-Abzeichen auf. Auf der linken Seite der Mütze ist das maschinengewebte Edelweiß-Abzeichen zu erkennen. Er trägt ebenfalls ein maschinengewebtes Edelweiß-Abzeichen auf dem rechten Oberarm.

I2: SS-Hauptsturmführer, Jugoslawien, Ende 1943

Dieser Offizier aus der gleichen Division trägt polierte Lederstiefel mit graugrünen Hosen und eine M36-Uniform mit einem dunkelgrünen Kragen und vier aufgesetzten Taschen. Auf seinem unteren linken Ärmel ist die Offiziersversion des Divisionsnamen zu erkennen. Die Schulterklappen, die er trägt, sind mit weißen Paspeln abgesetzt mit hellgrüner Unterlegung. Sein rechter Kragenspiegel zeigt die Odal-Runen, während auf der linken Seite drei schlanke Paspeln und zwei Streifen Silberfaden zu erkennen sind, die auf seinen Rang als SS-Hauptsturmführer hinweisen. Das Edelweiß-Abzeichen auf seinem rechten Ärmel entspricht den üblichen Rangabzeichen. Er trägt den üblichen schwarzen Ledergürtel mit einem Koppelschloss für Offiziere und einem schwarzen Lederholster für eine P08. Auf dem Kopf trägt die Offiziersversion einer M43-Mütze mit silbrigen Paspeln über der Krone und dem Reichsadler und dem Totenkopf, die in Silberfäden eingewoben sind.

I3: SS-Untersturmführer, SS-Panzerabteilung 7, Drina-Tal, Frühjahr 1945

Die Division "Prinz Eugen" hatte auch eine gepanzerte Abteilung, die zumeist eroberte und feindliche Fahrzeuge fuhr. Dieser SS-Untersturmführer trägt die Standard-Uniform der Waffen-SS eine schwarze Uniform. Seine Hose stecken in den Stiefeln. Seine Kragenspiegel tragen die Odal-Runen auf der rechten Seite und die drei dünnen Paspeln, die seinen Rang anzeigen, auf der linken. Der Reichsadler auf seinem Ärmel ist aus einem silbrigen Faden gewoben. Seine Schulterstreifen haben die Unterlegung für Panzertruppen, obwohl das Edelweiß-Abzeichen auf seinem rechten Ärmel darauf hinweist, dass er Mitglied einer Gebirgsdivision ist. Er trägt den üblichen ledernen Gürtel mit einem zweireihigen Verschluss. Auf dem Kopf trägt er die übliche Schirmmütze der Waffen-SS mit weißen Paspeln.

I4: SS-Edelweiß-Ärmelabzeichen

Dieses Abzeichen wurde sowohl von Offizieren als auch von Mannschaften getragen.

Ethnische Waffen-SS

J1: SS-Sturmbannführer, 13. W-Geb.-Div. Der "Handschar", Nordbosnien, Frühjahr 1944

Dieser SS-Sturmbannführer, der der "Handschar"-Division zugeteilt war, trägt Bergstiefel mit seinen Hosen in Gamaschen. Er hat die übliche M36-Uniform mit handeingefasstem Reichsadler auf dem Ärmel an. Seine Kragenabzeichen zeigen - rechts - das Symbol der Division, maschinengewebt und eingefasst. Es gibt jedoch eine silbrige Kordeleinfassung für Offiziere. Auf der linken Seite sehen wir die vier Metall glänzenden Paspeln, die seinen Rang anzeigen. Seine Schulterstreifen haben hellgrüne Paspeln. Auf seiner linken Brusttasche trägt er als gebürtiger Deutscher und SS-Mitglied die von Hand eingefassten SS-Runen. Das durften alle Vollmitglieder der SS tragen, die auch mit Einheiten zusammenarbeiteten, die nicht der SS angehörten. Ebenfalls wird hier der schwarze Offiziersledergürtel getragen. Auf dem Kopf ist der burgunderrote Fez zu erkennen mit den üblichen SS-Insignien aus silbrigem Drahtfaden.

J2: SS-Scharführer, 13. W.-Geb.-Div. Der SS "Handschar", Ungarn, Herbst 1944

Dieser Scharführer der gleichen Division wie I1 trägt die normale Uniform mit langen, feldgrauen Hosen, Bergstiefeln und Strümpfen, mit einer M43-Feldjacke. Auf seinem linken Ärmel ist ein maschinengewebter Reichsadler über einem Emblem mit den Nationalfarben.

Die Schulterstreifen sind aus schwarzer Wolle mit silbrigem Faden gewoben. Der rechte Kragen zeigt das Hakenkreuzsymbol, während auf der linken Seite ein einzelner Silberstreifen mit einer schmalen Paspe zu erkennen ist. Das Edelweiß-Emblem wird auf dem rechten Ärmel getragen. Der schwarze Gürtel trägt das feldgraue SS-Koppelschloss und die Munitionstaschen für seine Maschinenpistole. Sein Fez ist die Feldversion in Feldgrau. Auf seiner linken Brusttasche ist das Anti-Partisanenabzeichen zu erkennen, das anzeigt, dass er am Kampf gegen Titos Partisanen teilgenommen hat.

J3: SS-Hauptsturmführer, 21. W-Geb.-Div. Der SS "Skanderbeg", Jugoslawien, Mai 1944

Dies ist ein SS-Hauptsturmführer der "Skanderbeg"-Division. Er trägt die normalen Bergstiefel mit Gamaschen, in die seine Hosen eingeschlagen sind. Seine Uniform ist die eines Offiziers mit der M43 Feldbluse mit einem schlichten grauen Kragen. Auf seinem linken Ärmel ist der Divisionsnamen auf dem Ärmelstoß zu erkennen, gewebt in einem silbrigen Faden auf schwarzem Hintergrund. Sein Reichsadler auf dem Ärmel ist in der Art von Offiziersuniformen von Hand eingewoben und ist oberhalb eines Abzeichens angebracht, das den albanischen Doppelkopfadler auf rotem Feld zeigt.

Auf dem rechten Kragen ist die Kennzeichnung der Division zu erkennen. Obwohl diese Abzeichen hergestellt wurden, ist bisher kein Foto aufgetaucht, das zeigt, dass diese Abzeichen auch getragen wurden. Auf dem Kopf trägt er die M43-Mütze, vorne mit dem Totenkopfsymbol, mit dem Reichsadler auf der einen, dem Edelweiß-Abzeichen auf der anderen Seite.

J4: SS-Mützenabzeichen

Maschinengewebte SS-Totenkopfsymbole, die auf den meisten der SS-Mützen und auch auf den Fezhüten getragen wurden.

Gegen Ende des Krieges, 1944-45

K1: Unteroffizier, Gebirgsjägerregiment 99 Ungarn, Dezember 1944

Dieser Unteroffizier der Gebirgsjäger trägt die übliche M43-Uniform. Die Hosen, feldgrau, werden mit Gamaschen getragen und den üblichen Bergstiefeln. Die M43-Uniform hat nunmehr einen schlichten feldgrauen Kragen und vier aufgesetzte schlichte Taschen. Die Uniform war nunmehr durch sechs Knöpfe zu schließen und nicht mehr durch fünf. Und sowohl die Kragenabzeichen als auch der Reichadler auf der Brusttasche wurden in feldgrauer Seide maschinengewebt angefertigt. Die Schulterklappen und die Kragenspiegel waren deshalb auch in feldgrau gehalten. Auf dem rechten Ärmel ist ein maschinengewebtes Emblem des Edelweißes zu erkennen - auf feldgrauem Untergrund.

Der normale schwarze Ledergürtel mit einem feldgrauen Koppelschloss wird dabei genauso getragen wie die M43-Feldmütze. Der Unteroffizier ist ein Veteran des Kampfes um Narvik, wie man an seinem Narvik-Abzeichen erkennen kann, das er auf dem linken Oberarm trägt. Wie viele Spezialtruppen fanden sich auch die Gebirgsjäger oftmals als einfache Bodentruppen im Kampf wieder und weit entfernt von den Gebirgszügen, für die sie eigentlich ausgebildet worden waren. Dieser Unteroffizier, der irgendwo an der Ostfront seinen Dienst tat gegen marodierende Panzereinheiten der Roten Armee, trägt das exzellente StG 44 Sturmgewehr und eine Panzerfaust.

K2: Kanonier, Gebirgs-Artillerieregiment 111 Süddeutschland, 1945

Hier wird ein Gebirgsjäger aus dem Jahr 1945 gezeigt. Die Uniformjacke M44 ähnelt dem Kampfdress der Briten. Sie ist allerdings brauner als diese. Sie hat zwei Brusttaschen und kann in der Hüfte eng angezogen werden. Der Reichsadler ist nun auf einem dreieckigen Untergrund eingewebt - das war einfacher in der Herstellung und auch von weitem besser zu erkennen. Die Schulterstreifen haben rote Paspeln. Das deutet daraufhin, dass dieser Mann hier einem Gebirgsartillerieregiment angehört. Der Stahlhelm hat einen Tarnanstrich. Eine ähnliche Tarnfarbe wie die Hose hat auch die Tarnjacke, mit Gamaschen und Bergstiefeln. Obwohl das äußere Erscheinungsbild der Gebirgsjäger ein wenig nachgelassen hatte, galt die nicht für seine Ausrüstung: Er trägt das G43-Automatikgewehr mit allen Munitionstaschen am Gürtel.

K3: Hauptwachtmeister, Hochgebirgsgendarmerie, Süddeutschland 1945

Auch die deutsche Polizei hatte ausgebildetes Personal für den Einsatz im Gebirge, vor allem in der Gegend der Alpen in Deutschland. Dieser Gebirgsjäger der deutschen Polizei trägt die üblichen Bergstiefel und lange, feldgraue Hosen, die er unten in die Stiefel gesteckt hat. Das feldgrau der Polizeieinheiten hatte oftmals eher eine grünliche Anmutung, das oftmals als "Polizei-grün" tituliert wurde. Seine Uniform hat einen abstehenden mittelbraunen Kragen und ebensolche Ärmelstöße, sowie vier aufgesetzte Taschen. Die Uniform wurde durch acht Knöpfe vorne zugeknöpft und wies traditionelle orangenfarbene Paspeln für die Gendarmerie vorne, am Kragen und an den Ärmelumschlägen auf. Gendarmerie gemäße Kragenspiegel und Schulterklappen sind zu erkennen mit orangefarbenen Einwebungen der Abzeichen wie dem Reichsadler am Arm. Er trägt eine Bergmütze mit einem Einknopf-Verschluss für die Ohrenschützer und einer orangenfarbenen Paspel für die Krone. Die Abzeichen bestehen aus einer metallenen Kokarde über einem silbrigen Polizeimützen-Adler. Ein brauner Ledergürtel wird getragen, mit einem P38-Holster und einem polizeigemäßen Koppelschloss.

K4: Edelweiß Armabzeichen

Dies ist ein maschinengewebtes und -eingefasstes Abzeichen auf feldgrauem Untergrund.

Deutschland, 1944-45

L1: SS-Untersturmführer, 6. SS-Geb.-Div. "Nord", Saarland, Frühjahr 1945

Dieser Soldat ist von der "Nord"-Division, als es um die Verteidigung Deutschlands im Jahr 1945 ging. Er trägt die üblichen Bergstiefel mitsamt Gamaschen und der feldgrauen Hose und eine Offiziersversion der M36-Uniformjacke. Auf dem unteren linken Ärmel ist eine in Offiziersqualität gehaltene, auf wollenem Untergrund angebrachte Inschrift mit dem Namen "Reinhard Heidrich" zu erkennen. Der Reichsadler auf dem Ärmel ist ebenfalls maschinengewoben mit einem silbrigen Faden. Als Deutscher trägt er die Standard-SS-Runen auf dem rechten Kragenspiegel und die drei schlanken Paspeln, die ihn als SS-Untersturmführer kenntlich machen. Auf dem Kopf trägt er eine späte Version der M43-Mütze, mit eingewebten Insignien in hellgrau auf feldgrauem Untergrund. Das übliche Edelweiß-Abzeichen ist auf der linken Seite der Mütze zu erkennen. Ein Heeresgürtel mit doppeltem Schloss wird ebenso getragen, wie ein schwarzer Holster für eine P38-Pistole.

L2: SS-Unterscharführer, 6. SS-Gb.-Div. "Nord", Thüringen, Mai 1945

Dieser SS-Unterscharführer der Division "Nord" trägt die M44-Uniform, schwarze Gebirgsstiefel, Gamaschen und eine Hose in Tarnfarben. Auf dem unteren linken Ärmel seiner kurzen Kampfjacke ist der maschinengewebte Schriftzug "Michael Gaissmair" zu lesen. Der Reichsadler auf dem Ärmel ist ebenfalls maschinengewebt. Die schwarz-wollenen Schulterklappen sind mit grau-silbrigem Faden abgesetzt. Der Soldat trägt maschinengewebte Runen auf seinem Kragenspiegel auf der rechten Seite und eine einzige Rang-Paspel auf der linken Seite. An seinem Gürtel hängen die Munitionstaschen für das StG 44. Auf dem Kopf trägt er einen Stahlhelm im Tarnanstrich.

L3: W-Rottenführer, 23. W-Geb-Div. der SS "Kama", Kroatien, Spätherbst 1944

Dieser Rottenführer ist ein kroatischer Moslem der "Kama"-Division. Er trägt die üblichen feldgrauen Hosen, Bergstiefel, hat aber statt Gamaschen oder Strümpfen die Socken über seine Stiefel gerollt. Die M43-Uniform hat ein maschinengewebtes Reichsadler-Abzeichen auf dem linken Ärmel über zwei Muscheln, die seinen Rang angeben. Auf seinem rechten Oberarm ist das Edelweiß-Abzeichen zu erkennen. Seine Schulterstreifen sind aus schwarzer Wolle mit doppelten hellgrünen Paspeln. Auf seinem linken Kragen zeigt ein doppelter Streifen aus Silberfäden gewebt seinen Rang an. Er trägt einen schwarzen Gürtel mit einem feldgrauen Koppelschloss, seine Lederträger und etliche Munitionstaschen für seinen Karabiner. Auf dem Kopf trägt er einen feldgrauen Fez, wie er in der "Handschar"-Division getragen wurde.

L4: SS-Abzeichen Edelweiß

Das ist das SS-Abzeichen, wie es an der Seite von Feldmützen der SS getragen wurde.

David Jordan

Der Zweite Weltkrieg

Chronologie sämtlicher Kriegshandlungen, Schauplätze und Parteien

Das Buch präsentiert dem Leser anhand von mehr als 300 Bildern einen chronologischen Blick auf die Geschichte des Zweiten Weltkriegs. Mit herausnehmbarer Zeittafel und mit fortlaufender Zeitleiste auf jeder Textseite.
224 Seiten, mehr als 300 Abbildungen, mit herausnehmbarem 8-seitiges Poster, Format: 29,1 x 21,7 cm, Hardcover

ISBN 978-3-941557-06-2
VSB-Nr.: 656026
€ (D) 19,95 / € (A) 20,50 / SFR 34,90

In der gleichen Reihe erschienen:

Mittelalter

Strategie und Kriegskunst

Dieser chronologisch aufgebaute Bildband präsentiert dem Leser alles Wissenswerte rund ums Mittelalter, stets mit zeitlicher Einteilung für den besseren Überblick. Ein toller Bildband für Mittelalterbegeisterte.

224 Seiten, mehr als 300 teils farbige Abbildungen, Bilder und Karten mit herausnehmbarem 8-seitiges Poster, Format: 21,3 x 29 cm, Hardcover

ISBN: 978-3-939908-69-2
VSB-Nr. 656976
nur € (D) 19,95 / € (A) 20,50 / SFR 34,90

Brandenburgisches Verlagshaus
SiEGLER